田中角栄

政治家の条件

戦後日本の輝きと
その体現者

小室直樹

ビジネス社

角栄を死に待ちさせたロッキード裁判は司法の自殺である

1972年７月６日、自慢の錦鯉に餌をやる田中角栄、前日に自民党の新総裁に選ばれ、一夜明けたばかり。国会で首相の指名をこの日に受けることになる。「今太閤」ともてはやされた54歳の庶民派宰相に期待は集まった。これほど浮沈の激しい政治家はいなかった。ちなみに１匹数百万円といわれた錦鯉は実際、そんなに高くなかった。

第1章

対談 田中角栄元首相『1982年を睨む』

第2章

異説 田中角栄

第7章

さらば!田中角栄 天才政治家が戦後日本政治に残した功罪

凡例

本書は小室直樹博士の雑誌寄稿文と対談をまとめたものである。
理解しやすいように、本文および欄外に注釈を編集部で付け加えた。
また用字用語や漢字、ルビなども修正および統一を図った。

ビジネス社編集部

第1章

対談
田中角栄元首相
『1982年を睨む』

1982（昭和57）年11月の自民党総裁選（結果は田中の支援を受けた中曽根康弘が総裁に）を前に田中元首相と著者が対談した。話題は防衛問題、貿易問題、国内政治など多岐にわたり、2時間半もの時間をかけて話し合われた。

1982（昭和57）年　週刊ポスト（小学館）1月15日号掲載

「自衛のための戦力は当然だ」

小室　最初にお話ししたいことは、防衛問題です。ソ連のアフガン侵攻（1979年のブレジネフ政権による軍事介入）以来、ソ連脅威論が盛んになり、いまだに下火になっていない。が、私に言わせるとピント外れもはなはだしい。国際政治力学上、決してありうるハズのないことだからです。仮に、ソ連が日本に攻めてくるとしたら、米国の了解を得た後に初めてなされる。だから、ソ連脅威論を論ずるなら、その前提として米ソがグルになって日本を滅ぼそうとする可能性、すなわち〝第二のヤルタ会談〟の可能性が論じられなければ無意味です。

田中　日本の防衛問題を論じるには、歴史的に見ていかなくてはいけない。第二次大戦の終結時、いかに第三次大戦を防ぐかが大きな問題だった。その誘因になるものを、すべて取り除こうとしたわけです。ヤルタ協定がまさにそれで、日本、ドイツ、イタリアの枢軸三国の解体を図った。そして、領土の不割譲主義を決めて、戦争の火種をなくそうとした。同時にポツダム宣言によって、日本を民主主義国家に作り変えようとした。その中で、占領政策が進められた。憲法、内務省などの解体、教育基本法、婦人参政権などは、その表われですね。

小室　日本とドイツが強すぎたんです。だから、両国が再び暴れ出さないように縛り付けておく

独占！〈小室直樹の「日本の指針」直撃インタビュー

田中角栄元首相『1982年を睨む』

ことし11月の自民党総裁選を前に田中元首相の身辺に重大な審判が下されようとしている。行政改革、日米防衛問題、貿易摩擦問題と"日本丸"の前途は多難である。一無所属議員でありながら、国政を動かす、自民党最大の百八人を率いる派閥の領袖は、正念場に立たされたいま何を考えているのか。気鋭の政治学者・小室直樹氏が2時間半にわたって直撃取材を試みた。

「自衛のための戦力は当然だ」

――新・日本列島改造による景気刺激策、日米中の防衛構想を持て（田中氏）

田中角栄という政治家は合理主義者というより官僚政治家だ（小室氏）

週刊ポスト1982年1月15日号に掲載された田中角栄と著者の対談の誌面

こと、これが戦後体制のスタートです。ナポレオンはセントヘレナ島に流されたが、そんなものだと思えばよい。憲法も、その目的で作られたんだから。

田中　問題は憲法ですね。九条では、国際間の紛争を武力で解決できないことになっている。しかし、君、人間はアブやハエがくれば眠っていても、叩くじゃないか。叩くのは、自衛だよ。自衛のための戦力を持つのは、当たり前のことだ。

小室　角栄説によれば、自衛のための武力は持ってよろしい。これを天下に公表する、と。重大だなァ。

田中　憲法九条が現に存在し、定着しているのも、事実です。しかし、ご存じのように戦後、ベルリン封鎖問題（1948年）、朝鮮戦争（1950～1953年）が起こった。その結果、米国の日本弱体化政策が変更になったでしょう。日本を工業国にすることになった。そのため、マーシャルプラン（復興援助計画）によって、カネが注ぎ込まれたわけだ。並行して警察予備隊ができて、それが今日の自衛隊になった。憲法を食っているだけでは生きていられないもの。そうでしょう。

小室　警察予備隊が出来たのが昭和二十五年、そして自衛隊になったのが二十九年で、いずれも吉田内閣。田中サン、あなたは、佐藤栄作の弟子であり、吉田茂の孫弟子なんだ。

田中　その点、西ドイツはベルリン封鎖を体験している。で、軍隊を一気に作った。それが、現在NATO軍の主力になっている。日本とは、歴史的背景が違っているんだ。NATO諸国は、米兵がいなくてもよいが、核兵器は置いてくれ、と。日本は、その逆だからねェ。

小室　早い話が、日米安保条約とNATO条約とでは、内容も違っている。一つの例が、条約の及ぶ範囲です。日米安保は日本の領域（領土、領空、領海）だけで、公海上の日本の艦船が攻撃されても、発動しない。

田中　ドイツは東西に分断されていて、西側と東側の接点にある。日本とは、根本的に立場が違う。一方、第二次大戦でロンドンや東京があれだけ爆撃されながら、英国の体制は揺るがず、日本の天皇制も残った。多分、海洋国家の日本はこれからも大丈夫だろう、という甘えた考え方が、今なお日本人にはある。防衛については、まず、そこらあたりが問題だよ。

日米中の二等辺三角形同盟

小室　日本の防衛を考える時、もうひとつのポイントは、日中関係です。中ソの対立がある以上、ソ連は日本に絶対に攻めてこない。現に、アジア駐留のソ連軍は四十六個師団で、うち日本向けは一個師団だけ。あとの四十五師団は、すべて中国向けです。

田中　中ソ問題は、三百年、四百年来の懸案だ。中ソ国境は七千キロにも及ぶが、国境線の多くは黒竜江の真ん中にある。川は動くから、国境線は当然、不確定になる。だから、中ソの間には、宿命的な国境紛争が生じるんだ。

小室　日中問題は、単に経済問題として考えるのではなくて、国防問題として捉えるべきだと思うんです。つまり、中国近代化を推進し、経済を強化することは、対ソ牽制力を強めることを意味する。ビスマルクが、バルカン半島におけるオーストリアとロシアとの対立を巧みに利用して、

ジョージ・マーシャル（一八八〇〜一九五九）アメリカの陸軍軍人、政治家。第二次世界大戦中の陸軍参謀総長としてアメリカを勝利に導き、戦後はマーシャル・プランによってヨーロッパ復興を指導した。その立案・実行により、一九五三年にノーベル平和賞を受賞。

1981年当時の田中角栄は盟友大平正芳後継の鈴木善幸総理を支持し、無所属とはいえ自民党に大きな支配力を維持していた

外交史上白眉といわれた二重保障機構を構築したように、日本も中ソ対立をとことん利用すべきです。

田中　中ソ国境にあるソ連のミサイルは、実際、すべて中国を向いている。日本には、向いていないね。宇宙衛星で、それはわかっている。中ソ国境に両国の軍隊がいかに配備されているか、自衛隊の配備より、よほどよく知っている、ぼくは。総理大臣をやったから（笑い）。ブレジネフ書記長に会った時にも、それは言った。米国の宇宙衛星には日本製カメラがついている。だから、鉄のカーテンも、竹のカーテンも用をなさないと言ったんだ。ただ問題は、中ソ国境が破れるのか、どうか、だよ。

小室　そうです。

田中　力の均衡が保たれているうちは、破れないと思う。だから、力の均衡を保たなければいけない。ところで、ソ連が外に出るルートは、三つあるわけだ。西、真ん中、東だ。西はNATOの壁どころか、ポーランド問題を抱えて足元がおぼつかない。真ん中は、すでにアフガンに出ているし、中東方面もうかがっている。さて、問題の東だが、米国は、西のNATOが強いから、中ソ国境と極東が危ないと言っている。弱いところへ出てくるというのだ。だけど、ぼくらの見解は違う。極東からウラル山脈までは一万キロもあるよ。この補給は、非常にむずかしい。ソ連は、そのことをよく知っているから、極東で軍事行動を起こすわけがないんだね。そもそも、補給の重要性を理解せずに負けたのが、日本なんだけど。

小室 そう。明治以降、日本人ほど補給に無知な国民はいない。秀吉なんかに見せたら、ハラをかかえて笑われる。逆に、その重要性を身にしみて知っているのが、ロシア人ですね。スウェーデン王のチャールズ（カール）十二世も、ナポレオンも、ヒトラーも、すべてロシアの奥深く引き込まれて、補給を断たれた上で、敗れています。

田中 そうは言っても、七千キロの国境線はとてつもなく長いから、一部で破れる可能性はある。

チャールズ（カール）十二世（一六八二〜一七一八）スウェーデン国王。ロシアのピョートル一世と敵対し、遠征を開始。しかし補給難に加えて、ロシアによる焦土作戦と冬将軍にスウェーデン軍は疲弊、弱体化し、一七〇九年ポルタヴァの戦いに敗れてオスマン帝国領に亡命。

つまり、局地紛争が起こる可能性は多分にあると思う。米国などは、第三次大戦が勃発するとしたら、発端は中ソ国境だと言っているほどだ。

小室　その場合、日米という要因を考えに入れると？

田中　日米安保は、明らかに〝第二線〟ですね。で、〝第一線〟の中国とどうつながるかといえば、米国を底辺にして、中国と日本が二辺になる二等辺三角形を形成する。それに、台湾、韓国がひかえるという構図だ。もっとも、ここでひとつ考えておかなければいけないのは、中国は共産主義だが、侵略勢力でないということだ。中国の共産主義は、ソ連のマルクス・レーニン主義とは同一でない、と私は感じている。

小室　いかにも、中国共産党は名前はそうでも、実質的には共産党でない。第一、中国革命の基盤となったのはプロレタリアートでなくて農民です。革命の動機も、欧米帝国主義に侵略されている中国を何とかしよう、そのために近代化しよう、と。すなわち、共産党ではなくて、初めから〝近代化党〟なんです。

田中　ソ連のコミンテルン主義とは違っている。その証拠に、国交正常化にあたって、中国は日米安保を是認した。

小室　大塚久雄先生（経済史学者）は常々、今の中国に一番必要なのは「資本主義の精神である」と言っておられますが、中国が今なすべきことは、資本主義になることだと思いますね。革命は、それからでも遅くありません。

田中　中国はもともと、共産主義に馴染《なじ》まない。なぜなら地球上で一番、自由主義経済論者は、華僑とユダヤ人なんですから。自由主義経済のもとは、中国なんですよ。

「日米安保」にはウラ協定があった

小室　でも、日米中の大同盟ができあがったら、ソ連は一遍にすくんでしまうでしょうな。ソ連にとっては、それはまさに「カウニッツ同盟」になる。カウニッツとは、オーストリアの女帝マリア・テレサの外相。カウニッツの辣腕によってフランス、オーストリア、ロシアの大同盟ができて、フリードリヒ大王のプロイセンはもう少しで圧殺されそうになった。つまり、「カウニッツ同盟」はどんなことがあっても成立してはならない同盟のことを言うんです。そこまでソ連を

大塚久雄（一九〇七〜一九九六）経済史学者。西洋諸国における近代資本主義、近代市民社会の研究で知られ、マックス・ウェーバーの社会学とカール・マルクスの唯物史観論の方法を用いて構築した大塚史学は国際的評価を受けた。小室直樹の恩師の一人である。

ヴェンツェル・アントン・カウニッツ（一七一一〜一七九四）オーストリアの政治家。敵対していたフランスと同盟を結び、イギリス・プロイセンと対立した外交革命を成立させた。

痛めつけるのは問題ですよ。他方においては、対ソ経済援助をする。ここが、二重保障機構のエッセンスです。ソ連が日本に攻めてこないようにする名案は、日本がソ連にとって不可欠な国になることです。

田中 ともかく、そういう骨格のもとにおいて、日本は極東の安定のために、何をしなければならないのか、だ。憲法があるからといって、まさか隣の家の火事に知らん顔もしてられないでしょう。兵力が出せないのなら、経済援助とか、民政安定工作に協力するとか、いろんなことをしなければいけない。それから、これだけの経済大国になった日本の防衛費が、GNPの〇・九パーセントでいいのかという議論がある。むろん、いいハズがないんだよ。防衛費が抑えられたおかげで、三百年かかる社会保障体制がわずか三十年で成し遂げられた。それを削ろうというんじゃないんですよ。

小室 ええ。

田中 西ドイツの防衛費が多いのは、当然ですわね。自分の庭に有刺鉄線が張られているのだから。しかし、日本のGNPに占める防衛費がイタリアよりも、はるかに少ないのは、どういうことか。そんなことでは、国は守れませんよ。

小室 それと同時に、もうひとつ重大な問題がある。私は、アジア防衛機構を有効に機能させるためには、日米間の貿易摩擦を、何とかしなければいけないと思う。というのは、貿易問題がこじれると、それが防衛問題にただちにハネ返るからです。
田中　考えてみれば、日本は虫のいい話ですよ。日本が第三国から侵略を受けたら、米国は日本を守る義務がある。だが、逆の場合は、日本は何もする必要がないなんてね。憲法をタテに弁解するにも限度があるよ。日本の商品を買わないということになるのは、当然ですな、そうでしょう。月給は持ってこい、が、メシは炊かないよ、という妻君がいたら、出ていってくれということになるもの。
小室　そう。
田中　今の片務的な日米安保を、双務条約に直すことは、国内的にむずかしいし、そこまでやる必要はないかもしれないが、しかし、日本が果たさなければならない防衛義務も果たさないで、どうするのか。このままいくと、今年（1981年）の名目成長率は八パーセントを割るかもしれない。そうなれば、あなたが言うように、それこそもっと辛いことが起こるかもしれない。輸出ドライブがかかって。
小室　日米（欧）経済摩擦を解消するためには、関税障壁を少なくすることも大事です。しかし、より抜本的な方法は、日本のGNPを高めること。GNPが十分に高くなれば、必然的に日本の輸入は増えますから、米国の対日赤字幅は減少する。それが一番よい。第二次高度成長ということになりますが、今の日本経済はそれができる状態にあるのではないでしょうか。

田中　私は議員生活を三十五年間もやっているから知っているのだが、日米安保条約にはウラ協定のようなものがあるんだ。経済協定が……。

小室　それは、初めて聞く話だ。安保のウラ協定！　気が遠くなるような話だなァ。

田中　米国は、兵器や宇宙開発の中で、新しい科学技術を生み出した。それにロイヤリティを払っていたら、今のわが国の蓄積外貨はあっという間に吹っ飛んでしまう。米国は戦後、新技術を無償で提供してくれたんだ。日本と西ドイツが戦後復興できた最大の理由は、そこにあるといっても過言でない。

だから、米国にはただでさえ借りがある。それは別にしても、保護貿易にでもなったら、途端に五十年前に戻るわけだからねェ。

小室　昭和初頭ですね。当時、メイド・イン・ジャパンの商品は、世界中を暴れ回っていた。英国など欧州諸国の支配していた市場に殴り込みをかけた。それではかなわぬというので、ブロック経済というのができて、日本商品は強制的に追い出された。それは、大東亜戦争の原因のひとつになった。

田中　保護貿易主義がいかに怖いかということだよ。歴史は繰り返すというが、今、日本は同じことをしている。

貿易摩擦をどう解消するか

田中　米国は現在、失業率が九パーセントです。それは、まァ、向こうも悪いんだね。プライム・レートが一七パーセント台なんだから。日本では高利貸しといえども、年二〇十パーセントは超えてはならないことになっている。これでは、国内産業が振興するハズはないんだな。しかし、繰り返すようだけれども、米国とは、防衛においても運命共同体だからねェ……。日本は、彼らが怒らないようにしなければいけない。私は、こう言ってるんだ。日本の外貨準備は、米国の中央銀行に預ける。もし日本と喧嘩したら、それを没収すればいい。だから、そんなに目の敵にしなさんな、とね。すると、相手は「それは、どうも日本流の解決法だ」と言うんだ。

小室　ひとつ言うなら、日本は巨大な軍事産業を、絶対に起こすべきでない。米国の軍需産業は今や、青息吐息、その実力は急速に低下している。それを何とかしなければ…というのが、レーガン（第40代米国大統領）一派の危機感の根底にある。だから、日本が軍需産業の分野にまで進出すると、その反発は想像に余るものがある。

田中　さしあたって関税を下げることだよ、国民にこんなに高い肉を食わしてちゃ駄目だよ。昔は、トンカツが十銭だった。私は、米車のクライスラーに乗ってるんだ。家族や事務所の連中は、すべて国産車だけれども、いやしくも私は昭和二十七年、日本がＩＭＦに加盟して以来、一貫して国際協力すべく、クライスラーに乗っている。(昭和)三十二年の、私が郵政大臣当時のクライスラーは大したものだった。ところが、今のクライスラーは外観はいいものの、手触わりが駄目なんだ。灰皿でも、ビシッと閉まらないで、煙がもれる。だから、エンジンと軸は米国で作って、内装は日本でやる、ということも考えるべきなんだ。そうすれば、昔のクライスラーに戻りますよ。そういう意味で、通産省などの官庁が堅すぎるよね。あくまで保護主義なんだ。このままだと、日本商品のボイコットになるな。

小室　そうです。

田中　そうならないようにしないと。

小室　そのためには、今、言いましたように、もう一回高度成長をやらなければいけないと思う。有効需要を増加させるんです。内需の喚起です。有効需要としては一般に、消費、投資、輸出、そして政府支出の四つがある。このうち消費の伸びは期待できないし輸出の増大は論外です。また政府支出の増加は、行革に反する。となると、設備投資に牽引された高度成長の再開しかない。

田中　うん。確かに国内を刺激しなければ駄目なんだ。国民生活は、人類の歴史にないほど急激に改善されたでしょう。しかし、家と土地だけはいまだ満足にない。これを、どうにかする。そうなると、また「日本列島改造論」になるけれども、三十七万ヘクタールの国土のうち八割五分は山だ。そして、わずか二パーセントのところに国民生活の七、八割が過度集中している。とはいっても、土地がないわけじゃないんだ。ちょいと出れば、いくらでもある。東北は雪が降る、新潟は雪が降るって？　バカなことをいうな、とね。緯度が青森より上のモスクワには、千百万人が住み、ロンドンは七百万人住んでいるんです。それに、東京と新幹線で結べば、何でもないことです。

「日本は『社会主義国家』だ」

小室　一言でいうと、八〇年代における「列島改造論」ですよね。

田中　「列島改造論」とわざわざ断わらなくてもよい。「国土の効率的利用」とでも言ったらいい。あの「列島改造論」では、国民総生産が一〇パーセントずつ上がります、と。国民所得を上げるためには、そうせざるを得ないんです、といったところにそもそも、間違いがあった。そうでは

日本列島改造論　田中角栄が総裁選挙を翌月に控えた一九七二年六月に発表した政策綱領、およびそれを著わした同名の著書。日本を高速道路・新幹線・本州四国連絡橋などの高速交通網で結び、地方の工業化を促進し、過疎と過密の問題と公害の問題を同時に解決する、などの持論が展開された。

なくて、国民が求める優良な環境と職場を与えて、老後を保障し、すばらしい生活環境を与えるには、これ以外に方法はないんです……と言い換えれば、何でもないことです。私も七、八歳、年を取ったからそれぐらいは利口になった。まァ、人はいろんなことを言います。あのおかげで物価が上がったとか。でも、富の再編成になったことは、確かなんだから。

小室 なるほど。

田中 農村には、かつて資本がなかった。それが土地の買いあさりの結果、中央資本などがその土地に固定した。土地を買った連中は、今、アゴを出しているが、売った連中は家を建てたり、墓を買ったりしたでしょう。

小室 しかし、あの時は高度成長のヒズミがあちこちに相当出た。

田中 それは、オイル・ショックの結果だ。だって、考えてご覧なさい。金とドルの交換停止の時は、どうだったか。一オンス三十五ドルの金が、八百ドルになった。二十三倍になった。私が「列島改造論」をやったとしても二十三倍になったか。そんなものになりゃせんよ。

小室 私は、高度成長論者です。でも、角栄が出たゾ、となると物価狂乱を思い出します。インフレにならないということを証明しないことには、国民はアレルギーを起こす。それにしても、設備投資誘導型の高度成長であっても、強いインフレ傾向を内に持っている。したがってデフレ基調によって中和してやる必要があります。日本経済は、デフレ要因が多いんですが、仮に高度成長を行なうとしたら、列島改造によって生ずる強いインフレ傾向をカウンター・バランスする必要があります。日本の企業はいずれにしろ、長年の不況に耐えることで、減量に成功して、体質が著しく改善されました。有効需要が相当に増大しても、インフレにならないだけの強さを持っている、と言えなくもない。

田中 そう。インフレにはならない。結局、インフレになるのではないか、という危惧感を持つのは統制が行なわれてきたからなんです。行政指導だとか、何だとかいってね。たとえば、食管（食糧管理制度）がそうです。それに、食肉事業団もある。これ、すべて統制なんです。それから、人材の均霑《きんてん》（平等に恩恵や利益を受けること）政策もとられたでしょう。収入の低い第一次産業から第二次産業へ、そして第三次産業へという急速な人口移動を食いとめる政策がとられた。戦後〝統制〟はそれなりに成功してきたけれども、これからは、〝自由化〟しなければいけないわけだ。

小室 そういう意味では、日本は「社会主義」でしょう。

田中 そう。それを、自由主義経済に戻さなければダメなんだ。その場合、インフレが起こるこ

食糧管理制度　米や麦などの食糧の価格や供給等を、日本政府が管理する制度。一九四二年制定の食糧管理法（食管法）に基づき創設されたが、一九九五年に廃止。代わりに食糧法が制定され、食糧管理制度の呼称も食糧制度と改められた。二〇〇四年に大幅な改正されるなど、制度の内容は時代と共に変化している。

とはない。行革は、その第一弾だ。

小室　ともあれ、私は、田中角栄という人は典型的な官僚政治家だと思う。

田中　厳しい見方だねェ、官僚じゃなくて、合理主義者だ。つまり、合理性を重んじる政治家なんだョ（笑い）。

小室　だけど、大衆の感覚をつかむのに失敗しておられるのじゃないかと思う。

田中　そんなことないさ。（昭和）四十九年に総理を辞めてから、平穏無事であれば、千倍も喋って、大衆に語りかけたと思うよ。しかし、今は喋れないようになっているんだから。誤解されても、どうしようもないんだ。

小室　でも、田中サン、誤解されないためにもっと大衆に語りかけるべきだ。

田中　いや、いや、それはとても出来ない。世の中、神サマがいるから、よくわかっていてくれると思う。そうでもないと、救いがないよ。

第2章

異説
田中角栄

「異説」とあるのは当時、角栄を社会学的にまっとうに論じる評論が皆無であったためと推測できる。マスコミや世論は金権批判などに終始し、その先鋒が石原慎太郎氏であったことは論を俟たない。まともに角栄を語ることすら難しい時期に著者は正面から角栄を論じている。

1982(昭和57)年 月刊中央公論(中央公論新社)2月号掲載

はじめに

一九八二年は田中角栄の年でもある、と言われている。田中角栄ほど、人々の興味を惹きつけて離さない政治家は外にいない。『共産党宣言』の書き出しは、「共産主義という妖怪がヨーロッパを徘徊している」というのだが、「田中角栄という妖怪が日本を徘徊している」のである。普通の人間なら、とっくに抹殺されてしまったような危機をいくつも乗り越えて田中角栄は生き続けている。しかも衆目の見るところ、いまだに日本最大の実力者であり、いかなる権力者も彼の一顰《いちびん》一笑を無視しては政治が出来ない。このことは、彼は特異なパーソナリティと相俟《あいま》って、現代日本の政治家としてジャーナリズムの関心を独占した観があり、政治家について書かれた文献の大半が、いわゆる田中角栄物であると言っても過言ではあるまい。汗牛充棟《かんぎゅうじゅうとう》（多くの書物）もただならぬほどの文献がすでに出版されている。

それにもかかわらず、現代日本におけるこの「角栄現象」を社会科学的に分析した論文は、まだ現われていないように思われる。

本稿の目的は、この「田中角栄」を科学的に分析し、近代デモクラシー国家における政治家として、いかに位置づけられるかについて解明することにある。

典型的な「官僚政治家」

田中角栄を分析してみてまず気付くことは、その真相は、巷間俗説《こうかんぞくせつ》とはずいぶんと違う、ということである。かつて昭和四十七年七月、田中内閣が成立した時、今太閤と言われた。四十九年十二月に退陣した後にも、インテリの中には、無教養な成上り者、金権政治の権化、犯罪の臭いがする男として嫌悪する者も多い反面、大衆の間における彼の人気は依然として根強く、田中角栄ファンは全国津々浦々、どこへ行っても見出すことが出来る。

これやあれやで、善きにつけ悪きにつけ、田中角栄のイメージは、すでに牢固不抜《ろうこふばつ》なものとして出来あがってしまっているようにみえる。

しかし、田中角栄の実像は、この虚像とは、大きく隔たったものである。まず、このことが理解されなければならない。

では、田中角栄の実像とは何か。日本のジャーナリズムが必ずしも理解しているとは言えない真の田中角栄とは何か。

結論を先取りして一言でこれを要約するとこうなる。

田中角栄は官僚政治家である。良い意味でも悪い意味でも、彼こそ、最も日本的な人間類型《エトス》における官僚政治家である。ここにこそ、実は彼の強味もあり、限界もある。田中角栄の体質は、官僚それもエリート官僚のそれであり、少しも大衆的なところはない。エリート官僚というと、誰しも東大法学部→大蔵省の図式を連想するが、田中角栄の体質は、まさにこれだ。世人は、彼の現実の経歴に惑わされているが、現実の田中角栄が小学校卒であろうと工学校卒であろうと、その体質は、一高から東大法学部を首席で卒業し、高等文官試験（国家公務員試験上級甲）を首席で合格したという、あのエリート臭芬々《ふんぷん》たる高級官僚なのだ。

かの宋の政治家文天祥《ぶんてんしょう》は、丞相《じょうしょう》（総理大臣）に成った後でさえ、若くして科挙の試験に一番で合格したことを大変誇りに思い、つねに、状元《じょうげん》（科挙に首席で合格した人の称号）の宰相と呼称していた。普通人の感覚からすると、滑稽《こっけい》とも何とも言いようのない振る舞いであるが、これが官僚のセンスである。エリート官僚は、東大法学部を何番で出たか、公務員試験を何番で合格したか、いつまでも覚えている。状元の宰相こそ彼らの夢であり、出来ることなら、鑑札にでも彫りつけて、犬のように首輪にでもブラ下げておきたいところだ。

田中角栄の理想もこんなところである。現実には別に東大法学部を首席で卒業しているわけではないのに、意識の上では、そのように仮定し、かくのごとく振る舞いたがる。田中角栄の官僚好きはつとに有名であり、周知のエピソードも多いのだが、意識構造が似たもの同士だから、意気投合し易《やす》いのである。高級官僚が狸だとすれば、田中角栄こそまさに劫《ごう》をへた古狸であり、彼らの親分である。田中角栄は官僚使いの名人だと言われるが、その理由の一つは、まさにここにある。

田中角栄と法律

田中角栄が典型的な官僚政治家である証拠は、その法律観だ。彼の法律観は、通常の日本人の法律観とはあまりにもかけはなれており、高級官僚の法律観と、まさにそっくりなのである。

彼は、「オレは法律だ」「オレに出来ないことはない。オレは法律をつくってやる……」（首相就任時の昭和四十七年夏、軽井沢で〝角番記者〟相手に話したオフレコ発言。日本共産党の正森成二《まさもりせいじ》衆議院議員が、昭和四十九年十一月十二日の衆議院法務委員会で明らかにした詳細。関口孝夫『欺民田中角栄伝』昭和五十六年、汐文社一六七〜一六八頁）と言ったそうだが、こうなると、まさにアイ・アム・ザ・ローであり、西部の悪保安官を連想させる。これなどは、オフレコの発言であるから、あまり目くじらを立て

文天祥（一二三六〜一二八三）中国南宋末期の軍人、政治家。宋の臣下として戦い、宋が滅びた後は元に捕らえられ元に仕えるように勧誘されたが忠節を守るために断って刑死した。張世傑、陸秀夫と並ぶ南宋の三忠臣（亡宋の三傑）の一人。

るには及ばないかも知れないが、何か大事な仕事をしようとする時、まず法律を作ってから、という発想法は記憶にとどめておく価値がある。これぞまことに、典型的な官僚的発想ではないか。語るに落ちるというが、オフレコで、田中番の記者になに気なく語った言葉の中に、田中角栄の真面目は露呈されている。

このようなオフレコの放言ではなしに、田原総一朗氏とのインタビュー（『文藝春秋』昭和五十六年二月号）において田中角栄は断言する。「政治とは法を駆使するのである」。（政治家は）「法律に熟知していなければならない」「ぼくのところへ、毎朝いっぱい役所の人たちがやってくるだろう。別にご機嫌伺いに来るわけじゃない。法律のことをききにくるのです。……いってみれば私は法律や予算や制度のコンサルタントというわけです。……」角栄の得意満面の情景が目に見えるようではないか。彼は、あらゆるチャンスを捉えて、法律の知識をひけらかし、法律に強いことを自慢する。このインタビューにおいて田原氏は、「……現在では、田中派の金庫が他派にくらべて特別に豊かで、他派より多くの軍資金が出ているということではなさそうだった。となると、刑事被告人であり、自民党員でさえない田中角栄が陰のドンとして君臨し得ている理由が、いよいよわからなくな」ったので、その理由について、秘書の一人に質問したのだそうである。その答は、「法律ですよ。田中は法律そのものなのです。日本広しといえども、法律を完全に駆使できる、使いこなせるのは田中一人しかいない。これが、現在でも力を得ている秘密です。むろん金なんかじゃない」ということであったとのこと。

田中一家においては、田中角栄も秘書も、主従ともども、口をそろえて、田中は法律の大家であり、彼の力の根源はここにあることを強調する。

この話を聞くと、角栄が何言ってやがるんだと反撥《はんぱつ》する人が多い。例えば、立花隆氏などは、「田中が歴史と法律に本質的に無知であることがよくわかる」とまで極言し、「彼は法律を駆使するというより、法律を駆使する人間に、ものすごい憧れを持っている。そうなりたい、そうなりたいと思っているうちに、そうなったという気になっちゃった」（『文藝春秋』昭和五十六年三月号「田中角栄独占インタビュー全批判」）のだろうと推定しているが、同感だと、この意見に賛成する人は多いことだろう。

しかし、私の意見では、「法律に強い」ということの意味を、分析し、特定する必要がある。

「角栄が法律に強い」ということは、それが、高級官僚が法律に強い、というのと同じ意味であるならば、それは正しい。ただし、このことは「法律に本質的に無知である」ことと矛盾しない。

本質的に法律に無知な高級官僚

高級官僚は、本質的には法律に無知である。こうはっきり断言してしまうと、驚く人もいるだろう。ことに、法学の素人は怪訝《けげん》な顔をする。日本人の常識では、役人は法律を振り回す者だと相場が決まっているからだ。

ところがどうして、高級官僚を見かけたら、彼は法律の素人だと断言しても、まず間違いはない。その理由は、日本の高級官僚は、ジェネラリストであることを要求されるからである。法律でも経済でも、特殊な分野の専門家《スペシャリスト》になったら最後、昇進の路はとざされる。もちろん、ごく特殊な例外はあるが、一般論として、大体、こう思っていいだろう。

では、高級官僚が専門的知識が必要である場合にはどうするか。手近なところでは、下級官僚に命じてこれを供給させる。官庁には、エリートコースから外された、いわゆるノンキャリア組には、生字引《いきじびき》的存在がいる。何とか法に関する限りはこの人に聞けばよいだとか、経済のこのデータについてなら、殆んど何でも知っているとか、こんな下級官僚がワンサといて、高級官僚の命令一下、必要な知識を提供し、手足となって働くのだ。断片的な専門知識は、みんなこれで間にあってしまうから、高級官僚は、そんなものに無知であっても、少しも差支えはない。

では、より高度な、体系的な専門知識で、役人の力ではどうしようもないものはどうするか。それは「学識経験者」に教えて貰うのである。どの役所でも、専門の委員会をいくつか持っているが、委員として、大学教授などの斯界の権威（だと役人が思う学者）が名を連ねている。

これは行政官の話ではないから一種の余談だが、裁判官といえども例外ではない。判例もないような難しい裁判を担当した裁判官は、大学教授などで高度な専門家として定評のある人物を鑑定人として呼んできて、いかにこの事件を処理すべきか、法律の専門家として鑑定して貰うのである。

この話は、素人には、ずいぶん変な話だと受け取られるだろう。裁判官が、法医学者や心理学者を鑑定人として呼んできて、それぞれ専門家としての意見を述べさせる。これなら分かる。しかし、裁判官は法律の専門家ではないか。その上さらに法律の専門家に鑑定を求めるとは、屋下に屋を架するようなものではないか。なんとだらしない不勉強な裁判官だろうと、どうしてもこう思ってしまう。ところが、よく勉強する裁判官であればあるほど、良心的な裁判官であればあるほど、難しい裁判にあたっては、偉い学者の鑑定を求めたがる。自分の法律知識の特性と限界とをよく心得ているからである。裁判官といえども、法律学者ではなく、いかに「法律に熟知」していればとて、この意味での専門家ではありえない。

裁判官すら尚《なお》かくのごとし。いわんや、行政官僚においておや。

行政官僚は、法律の専門的知識を専門委員に教えて貰うのであるが、それでも足りなくて、臨時の委員だけではなく、定職としての法律顧問を常設している役所もある。例えば、ハーグの国際司法裁判所（International Court of Justice）の判事小田滋《しげる》前東北大学教授は、元外務省の法律顧問であった。彼は海洋法の最高権威の一人で、令名世界にあまねき学者であるが、このような人物に狙いを定めて法律顧問として招くのだ。

このように、上は学者、下は下級官僚の助けを借りないことには、高級官僚は「法を駆使する」ことが出来ない。

こんなことでは、「本質的に法律に無知」であると言われても、あまり大きな声で反論は出来にくかろう。

これに対して、誰の助けを借りようと、滞《とどこお》りなく政治や行政が出来れば、それでいいのではないかとの反論もあろうが、機能的に言えばまさにその通りである。日本の官僚は、支障なく法律を機能せしめる。かかる能力においては、確かに抜群のものを持っている。しかも、右に、高級官僚の法律に関する行動様式をスケッチした理由は、後に、田中角栄と高級官僚との間の法的エトスの同型性《アイソモーフィズム》を論ずるための補題（＝補助線。予備的分析）である。

リーガル・マインドの欠如

ところで、私が、日本の高級官僚が、本質的に法律に無知であると断定する理由は、決して、彼らが他人の助けなしには法を駆使出来ない、ということではない。その理由は、もっと根本的なものであり、彼らは、リーガル・マインド（legal mind）を欠如しているということである。

川島武宜《たけよし》教授は、ことあるたびに、法学を学ぶにあたってのリーガル・マインドの決定的重要性を強調するが、リーガル・マインドを欠くことにおいて、日本人の右に出る国民は、世界広しといえども、おそらくいないのではないかと思われる。そして、高級官僚といえども例外ではない。この点に関する限り、戦前も戦後も同様であり、まさに宿痾とさえ言える。

このことを徹底的に理解することが肝要なので、いくつかの例をあげて敷衍《ふえん》しよう。

去年（1981年）の十一月二十六日は、ハル・ノート四十周年記念日である。四十年前のこの日、ハル・ノートを突き付けられた日本は戦争を決意する。これほど致命的なハル・ノートでありながら、高級官僚を含めて、日本人は誰も、その法的効果については考えてみようとさえしなかった。

日米交渉の最後の局面において、国務長官ハルは、日本にハル・ノートを突き付けた。支那における日本軍はみんな引き揚げてしまえ、陸軍空軍はいうまでもなく、警察力を含めて、何もかもだ、というのである。

川島武宜（一九〇九〜一九九二）法学者、弁護士。専門は民法、法社会学。一九七九年学士院会員、一九九一年文化功労者。啓蒙的な著作を多く著した戦後民主主義を代表する論者。東京帝国大学教授、スタンフォード大学客員教授等を歴任。小室直樹の恩師の一人である。

日本国民が烈火のごとく怒り、日本国中、蜂の巣をつついたような大騒ぎとなったのはいうまでもなく、政府当局においても、深刻な空気が支配的となり、昨日まではわずかながらも存在していた平和への希望は、これで完全に断たれたと即断した。そしてついに、当局は、「清水の舞台から飛び降りる覚悟」で開戦に踏み切ったのであった。

それでいて、官僚も学者も誰も、ハル・ノートの法的効果を理解しなかった、検討しようとさえしなかったのであった。

日本人がもし、ハル・ノートの法的効果を理解していたならば、戦争を避ける方法なんか、いくらでもあった。

ハル・ノートは、「日本軍の支那からの全面撤退」という原則をうたっているだけで、細目に関する規定は何も無いのだ。こんなものを受け入れようとも、国際的取り決めとしては無に等しい。ここのところが、リーガル・マインドの無い法律音痴の日本官僚にはどうしても分からなかった。このことを指摘して、内閣の注意を喚起しようとした役人も学者も一人もいなかった。

只一人の役人でも、このことに気付いていたならば、歴史は、全く違った進展をみせていたことであったろう。

まず、国際政治力学《ポリティカル・ダイナミクス》の法則からして、こんな無理難題を日本に呑ませた以上、代償として、当時とられていた石油禁輸を始めとする対日経済制裁は、ことごとく解除しないわけにゆかなくなる。

細目に関する規定のないハル・ノートを呑めば、次に必ず、日本軍撤退の日取りだとか何だとか、細目に関する交渉に入る。ここが付け目だ。何だかんだとこねられるだけの理屈をこねて交渉を引き延ばす。法的に言うと、ハル・ノートは日米間の取り決めだから決して日支間の関係を拘束するものではありえない。また、撤退の日までの日本軍の軍事行動を制約するものでもない。そこで、一方においてアメリカに対しては日本軍全面撤退の原則を認めておきながら、他方において、電光石火、全力をあげて重慶《じゅうけい》軍に壊滅的打撃を与えて既成事実を作ってしまうのだ。その上で蔣介石《しょうかいせき》（中国国民党主席）と直接交渉に入り、日本の要求を受諾させてしまう。そうすれば、支那事変は、日本勝利のうちに幕を閉じたことであったろう。

こんなことをすれば、もちろん（フランクリン・）ルーズベルト（第32代米国大統領）はかんかんになって怒るだろうが、日米開戦の口実にはならない。日米間の取り決めに違反するものでないから、日本を違約者として咎《とが》めることは出来ない。

ここがポイントだ。

同じくアメリカを怒らせるといっても、違約者だとして怒らせるのと、そうでないのとでは、根本的に意味を異にする。アメリカは、国際法、条約、取り決めなどに違反した者を激しく憎み、本当に怒る。それ以外の場合には、割合に寛大であって、怒ったといってもその怒りは本物ではない。しかし、法的音痴の日本の役人にはどうしてもここのところが分からない。

支那事変においてアメリカが怒ったのは、日本が支那を侵略したからであると、ここまでしか思考が及ばない。アメリカは、日本が中国の領土保全を約束した九ヵ国条約を蹂躙《じゅうりん》し、海軍の九六式陸上攻撃機が無差別爆撃をすることによって、非戦闘員を殺戮することを禁止しているハーグ条約に違反している、といって怒ったのだ。

アメリカ人は、病的なまでに合法性を気にする。これに対し、合法性なんかに、てんで無頓着なのが日本人である。役人とて例外であるわけではない。アメリカ人だけでなく、ドイツ人だってソ連人だって、日本人のように、合法性なんてどうでもいいやとすましこんでいることは、とても出来ない。

こんな話もあった。

日独伊の三国同盟を結ぼうという時、日本の委任統治領の南洋群島を買い取ってくれ、と言ってきた。これは、旧ドイツ領だが、ヴェルサイユ条約によって日本が委任統治をすることになった。ときのヒットラー政権はヴェルサイユ条約を認めないのだから、必然的に、南洋群島は依然としてドイツ領ということにならざるをえない。とは言っても、今さら日本から取り戻すなんていうことは出来っこないに決まっている。また、南洋群島を返せなんて素振りを見せたら、まとまる話もまとまらなくなってしまう。三国同盟を結びたがっているドイツにしてみれば、初めから南洋群島なんか、日本にタダで呉れてやるつもりではいた。買えと言っても、その代価は、ピーナッツ一袋でもいいと言う。それでいて、大事な三国同盟締結の交渉過程において、あくまでも南洋群島買収要求に固執するのだ。

日本の役人は、こんなドイツの態度を見て、バカじゃなかろうかとせせら笑いあった。

これは、ドイツの役人が馬鹿なのではなく、日本の役人のほうが法律音痴なのだ。

ピーナッツ一袋でも一マルクでも代金を支払えば、南洋群島は、日本がドイツから合法的に買取ったことになり、ドイツは、日本の南洋群島領有を承認することが出来る、しかし、そうしなければヴェルサイユ条約を否定するドイツは、依然として南洋群島の領有を主張しなければならないことになる。これでは同盟国日本との関係上困るから、ドイツはあくまで買収要求に固執したのである。

ソ連もまた、えらく合法性を気にする。日本人の大多数は、昭和二十年八月九日、ソ連は日ソ中立条約を侵犯して攻めてきたと言って、ソ連こそ無法者の代表のように思っているかもしれないが、合法性を気にする点においては、ソ連は決して人後に落ちない。「日ソ中立条約侵犯」は、ソ連にとっても気になって仕方のないことであるらしく、機会があるたびに、一九四五年のソ連軍の満蒙《まんもう》における対日軍事行動は、合法的であって条約の侵犯ではないと、くどいほど繰り返して言明する。今でも、ソ連や東欧の法律雑誌には、その合法性証明の論文が後を絶たない。

立場を代えて、これが日本だったらどうだろう。一九四一年冬、ドイツ国防軍《ヴェールマハト》が、モスクワを三方から半月形に取り囲み、ソ連の運命まさに風前の灯の時、関東軍が背後から侵犯することによってソ連にとどめを刺して領土を山分けした場合、日本の役人は決して、日本軍の軍事行動の合法性の証明なんぞに躍起《やっき》になったりしなかったに違いない。「シベリアよいとこ一度はおいで」なんて言ってうかれていたことであろう。

その証拠に、日本軍が満洲をとり、さらに大挙して中原《ちゅうげん》に進出して要衝を殆んど占領した時ですら、日本当局は、これは中国領土の保全を約した九ヵ国条約の侵犯ではないのだとの証明をしようとはしなかった。一九二二年、ワシントンで締結されたこの条約の存在を知らない当事者なんかありようがないから、問題は知識の分量ではなく、リーガル・マインドの存否である。日本の役人にとって、直接目の前に突き付けられない限り、ことの合法性なんか、畢竟《ひっきょう》どうでもいいのである。

戦後も変わらない役人の法律音痴

役人の法律音痴、これは、戦後も少しも変わっていない。いや、却ってひどくなったとさえ言える。膏肓《こうもう》に入った病だから、今さらどんなにしても治りようがないのである。いや、日本人の体質そのものだから、役人とて、例外ではありえない、と言うべきであろう。

法律が社会において作動する際に決定的に重要なことはその解釈権である。誰の解釈によって法が行われるのか。ことに重用なのは、最終解釈権である。

アメリカ軍が日本を占領して驚いたことは、役人が法律を勝手きままに解釈して、政治や行政を行っていたことである。こんなことは、アメリカ人的センスからすれば、まさに、役人による権力の簒奪である。これを見た米軍の将校が日本の官僚に、「お前の解釈は、判例と矛盾するではないか」と問い糺《ただ》したところ、この役人すこしも騒がず、「いかにも私の解釈は判例と矛盾してはいる。しかし、この場合には、判例が間違っている」と答えたので、件《くだん》の将校、それこそ、腰を抜かさんばかり、椅子からころげ落ちそうになるほど驚いたという（川島武宜『科学としての法律学』）。それはそうだろう。判例が法律の解釈として間違っているなどと言うことは、新約聖書に書いてあることはキリスト教の立場から見て正しくない、と言うようなものだ。高級官僚の口からこんな台詞が飛び出すあたり、これだけで、役人の法律音痴が如実に証明されているではないか。

こんな例は、日本では少しも珍しくない。篠原一東大教授（政治学者）からこんな話も聞いた。彼が住民運動を指導して区長公選を実現しようとしていた時、この要求を持って都庁にゆくと、都の役人は、それは違法だから出来ないという。篠原教授がその理由を問い糺すと、結局、自治省の役人がそれは違法だと言ったから違法に違いないというだけのことであった。革新自治体（当時）の役人さえも、美濃部《みのべ》（亮吉《りょうきち》、父は憲法学者の達吉）知事以外は、東京政府《トウキョウ・ガヴァメント》は日本政府と対等な別個な役所であることに少しも気付かず、自治省の指導を拳拳服膺《けんけんふくよう》するということも注目に値するが、さらに致命的なことは次の認識である。すなわち、裁判の判決以外の法解釈は、役人の解釈であろうと、大学教授の解釈であろうと、練馬区の一住民の解釈であろうと、全くの同一の意味しか持たない、ということを全く理解していないのである。

なにしろ、「最高裁のあの判決は憲法違反である」なんていう意見が堂々とまかり通る日本のことではある。しかし、一般の住民というのではなく、卑しくも法を施行する立場にある役人がこんな有様であるということは、十分に記憶にとどめておく必要がある。

このように、官僚が本質的に法律に無知である故に、日本はしばしば、ひどい目にあった。なにしろ、「共同声明には拘束力がない」なんて口走る男が、首相や外相の務まる日本のことである。もっとも、ここまでひどくなると、大臣は務まっても、普通の役人は務まらない。しかしいずれにせよ、日本の官僚は、みんな本質的にはこれと五十歩百歩なのである。

そのいい例が、ニクソン（第37代米国大統領）＝キッシンジャーによる米中復交である。この「頭越し外交」に、日本政府も外務省も、ただオロオロするだけで、周章狼狽《しゅうしょうろうばい》、策の出《いず》る処を知らなかった。なぜあのように目もあてられないほどだらしのないことになってしまったかといえば、米中復交など、日本外交当局は、全く夢想だにしていなかったからである。ある外交官は、これはパール・ハーバーのお返しだと言ったが、それほどの奇襲だったのだ。

ニクソンにいたるまでの歴史のアメリカ政府は、台湾の蔣介石政権にのみ肩入れして、中共を完全に敵視しつづけてきた。イギリスは、革命が成功して中国共産党が政権をとるや、一早くこれを承認したし、フランスもやがて、台湾を捨てて中共承認に踏み切る。このように、アメリカの政策は、あまりにも頑冥不霊《がんめいふれい》（頑固で無知なこと）であるとして、次第に態度を変える国も続出したのであったが、ひとり日本だけは、飼犬のごとく忠実にアメリカに追従して、どんなことがあっても対中態度を変えなかった。こんな忠実な子分に一言の相談もなしには、いかにアメリカ大親分といえども対中政策を変えられまいと日本の外交当局は固く信じ切っていたのであったが、日本の官僚にはどうしても理解出来ないことは、アメリカは、どんなことでも、それが合法的である限り、実行するのに少しも躊躇《ちゅうちょ》しない国である、ということである。

法に禁止規定がなければ合法であり、それをしていいのだ、ということが日本人にはどうしても納得されえない。日本人的センスだと、禁止規定がなくて合法なことでも、あまりにも相手に

篠原一（一九二五〜二〇一五）政治学者、東京大学名誉教授。専攻は、政治学、ヨーロッパ、特にドイツの政治史。理論的な面から西洋政治史にアプローチする多くの後進を育てた。

とって不利なことをすると、「……あまりといえば人を馬鹿にする」だとか、「踏みつけるにもほどがある」などということになって、人間関係が崩れてしまうので、実際上、そんなことをする者は居《い》はしない。

リーガル・マインドが発達したアメリカ人は、こうは考えない。

対中政策に関して、日本はアメリカに忠実ではあったが、条約や協定の形で、対中単独復交を禁止していたわけではない。その主旨の共同声明すらなかった。対中単独復交は合法的である。アメリカは、その国策として、一つの合法的行動を選択したにすぎない。どこに、日本から文句を言われる筋合があろう。これが、アメリカの胆《はら》である。

特異な官僚共同体

以上、いくつかの例をあげて、日本の官僚がいかに法律音痴であるか、本質的には法律に無知であるかについて論じた。このことを真に理解することなしには、田中角栄の分析も不可能であるからである。右の結論は日本人の常識とあまりにもかけ離れているので、徹底的に論じなければとうてい納得されないことであろう。

いかにも、社会通念は右の結論と正反対であり、官僚は法律をよく知り、法律に強いということとなっている。官僚と法律とは、一見切っても切れない間柄なのである。

では、官僚にとって一体法律とは何であろうか。両者の関係を社会学的に分析すると、どういうことになるのであろうか。

私の分析結果は次の通りである。

官僚は、本質的に法律に無知であってよい。但し、それを承認してはならない。官僚は、法律を知悉《ちしつ》しているフリをしなければならない。

知らなくてもいいが、知ったフリをしなければならない。

ここがポイントである。

ヤクザやグレン隊の世界に隠語があるように、特権階級の世界にも隠語がある。他の人々から識別《アイデンティファイ》され得るために、どうしても自分らだけに通用する独自の言語が要求されることになるのだ。例えば、古今東西を問わず、貴族や上流階級は、言葉使いからして他の人々と異なっていなければならない。旧制高校生が、すぐドイツ語を振り回したがる心境も、特権意識の顕れにほかならない。

日本社会において高級官僚は特権階級であり、強大な権力を握り、社会的威信《プレスティージ》も高い。また、彼らなりに優者の義務《ノブレス・オブリッジ》を心得たつもりになっている。しかも、彼らの本質は、近代的な形式合理的な官僚ではなく、前近代的な家産官僚であり、一種の共同体《ゲマインデ》を形成している。そして、この官僚共同体の住人でなければ、特権的官僚として取り扱って貰えない。

現在日本における官僚共同体の存在は、今や日本では、猟官（官職を得ようとして争うこと）ということが殆んど無意味になってしまったことだけ見ても、容易に確認されうる。明治時代にはまだ日本にも、猟官運動がありえた。アメリカなどでは今も、大統領が替るたびごとに、猛烈な猟官運動が展開される。しかし、官僚共同体が牢固不抜なものとして確立されてしまった現在の日本においては、外部の人間がヨコからこの官僚共同体に加入することは不可能である。無理に侵入したとしても、せいぜいムラ八分にされ、ヨソ者として差別された居住を許されたらいいほうで、こんなことすら稀である。官僚共同体に加入を許される方法は只一つ、東大法学部などの日本の一流大学を優秀な成績で卒業し、高等文官試験あるいは国家公務員試験上級甲によい成績で合格して本省採用になるという通過儀礼を受け、官僚共同体の中に、新たに生まれてくることだ。いわゆるキャリア組のエリート官僚に成る方法は、現在の日本ではこれ以外にありようがない。だから、猟官ということが全く無意味なのである。

このことは、現代日本においてはあまりにも当たり前のことになってしまったので、誰しも不思議だと思わないが、外国には、このような形態の官僚共同体はない。昔の日本にもなかった。きわめて特異な社会現象なのである。

共同体の隠語としての法律知識

この特異な官僚共同体が日本を支配しているのであるが、かかる家産官僚共同体には、共同体内部の人間と外部の人間とを差別するために、独特な隠語が必要となってくる。この隠語は、なるべく外部の人間には理解されず、内部の人間にだけ通用するものであることが望まれる。この程度が大きければ大きいほど、特権的官僚共同体の隠語として望ましい。

この隠語として高級官僚が選択したものが、法律の知識にほかならない。この選択の理由は、明治以来の官僚社会における法科万能の伝統にもよるだろうし、官僚は、「法を駆使」することによって日本を統治するのであるから、法を知悉していることにしておかなければ、高級官僚は、カリスマの担い手《トレーガー》(Charisma Triger) には成りえない。これらの理由にもよるが、もう一つ、日本国民の法律アレルギーもまた重要な要因ではある。欧米諸国において法律は、国民の生活の中から滲《にじ》み出たものであるが、日本ではそうではない。戦前日本の法律は、条約改正という国家目

家産官僚　ドイツの社会学者マックス・ウェーバーが定義した官僚制の分類概念。家産国家において、支配者(主君)の下で展開された官僚制のこと。対立概念に依法官僚がある。

的のために作られたものであり、戦後日本の法律は、いみじくも田中角栄が喝破しているように、「それは、まだ占領軍が占領目的達成のために作った法律が多い」のである。いずれにせよ、日本の法律は、「特異も特異、大特異」であり、より本質的には、国民生活に馴染《なじ》まないものである。

明治時代すでに、フランスの法律家ボアソナードは、江藤新平《えとうしんぺい》司法卿に、日本の民法典を作ってくれと頼まれて、目をむいて驚いた。属国や植民地にされたアジアやアフリカの民ですら、自分達の日常生活を律する「民法」としては独自のものに固執し、容易に欧米法を受け付けない。それなのに、歴《れっき》とした独立国日本が、外国人に自分らの法律を作って貰おうと言うのである。ボアソナードが、そんな神を恐れぬことが出来るわけはありません、それに、日本人の生活について殆んど知らない私が、どうやって日本の民法を作るんです、と反論したところ、江藤司法卿はすまして、フランスの民法典をそのまま日本語に訳してくれたらいいんだ、と答えたという。欧米人や中東人が聞いたら全く信じられない話だが、事実はまさにこの通りであった。

このように、生活とは無縁な法律を押し付けられたため、日本人はすっかり、法律アレルギーになってしまった。出来ることなら、法律なんかと関わりを持ちたくない。法律なんか知らなくても、日常生活に少しの差し障りもない。これが日本人の偽らざる心境だろう。

その証拠に、アメリカと弁護士の数を比較しても見よ。アメリカには、四十五万人もいるのに比して、日本には、わずか一万一千人しかいない。人口比に直して、二十分の一以下である。なんでこんなに弁護士に対する需要が鮮《すく》ないかというと、法律の機能が、アメリカと日本とでは、まるで違うからである。紛争が起きた時、アメリカ人なら、まず弁護士のところへ駆け込む。紛争の解決、これこそアメリカにおける法律の主機能である。日本人は、法律による紛争解決をあまり好まない。弁護士ですら、法廷において大弁論を展開して訴訟を勝利に導く者よりは、和解、仲裁、調定などによって、なるべく裁判を避ける者のほうに人気がある。そこまでにすらゆかず、単なる話合いで紛争が解決されてしまえばさらによい。これこそ理想的である。アメリカの弁護士が裁判のための弁護士であるとすれば、日本の弁護士は、裁判をしないための弁護士である。

それどころか、日本人は弁護士に相談することさえ、あまり好まない。大概の紛争は弁護士のところまでゆかず、顔役、ヤクザの親分、あるいは警官などの手で解決されてしまう。これが、日本において弁護士に対する需要が少ない理由である。

このように、日本では大衆の間における法律アレルギーは根強いものがあるから、大衆は法律

ギュスターヴ・エミール・ボアソナード（一八二五〜一九一〇）フランスの法学者、教育者。国際法顧問、法律取調委員会委員等を歴任。勲一等旭日大綬章受章。不平等条項の撤廃のため、日本の国内法の整備に大きな貢献を果たし、「日本近代法の父」と呼ばれている。

江藤新平（一八三四〜一八七四）幕末の佐賀藩士、明治時代の政治家。征韓論から発した政変で下野。佐賀の乱を起こして敗れ、刑死。

を殆んど知らず、別世界の現象のごとく感じ切ってしまっている。

それであればこそ現代日本では、法律は特権階級の隠語として、絶大な効用を発揮する。この意味では、免許皆伝や今古伝授みたいなものだと思えばいいだろう。古今伝授など、伝えられる情報そのものには大した価値がなくても、大多数の人々が知りえない情報を知っているというまさにそのこと自体が伝授を受けた者に巨大な特権を附与することになる。

高級官僚における法律の知識なんか、こんなものだと思えばよい。すでに論じたように、彼らは、本質的には法律音痴であり、リーガル・マインドを欠如しているという意味において法律に無知なのであるが、そんなことは、実はどうでもいい。大衆が持たない法律の知識を有し、大衆が接近しえない法律の事情に接近しうる。このことが、特権階級としての官僚共同体の一員たる存在証書となるのだ。

田中角栄の奇蹟と悲劇

田中角栄がことあるたびに法律の知識をひけらかして、俺は法律に強いんだと宣伝これ努《つと》める理由も、まさにここにある。この意味で田中角栄こそ、典型的官僚政治家なのである。そして、「田中角栄が最大の実力者として政界に君臨し得る理由は彼が法律に強いからである」という命題も、この文脈《コンテクスト》において読まれなければならない。

このように分析してくると、法律こそ田中角栄におけるサムソンの髪（強さの秘密）であるということの社会学的意味が明らかになってくる。

田中角栄こそは、禁断の帝国《ホービドン・エンパイア》たる特権的家産官僚の共同体に土足で侵入することに成功した唯一人の日本人であるだけでなく、これを実力で征服して家父長《パトリアーク》に収まるという、日本では起るはずのない奇蹟をデモンストレートした日本教の預言者《プロフェット》である。

すでに述べたように、現代日本における特権的家産官僚共同体には、あたかもインドのカーストにおけるがごとく、生まれることが出来るだけであって、ヨコから加入することは不可能である。「不可能」であるがゆえに、それを可能することは、奇蹟《ミラクル》にほかならない。そして、奇蹟を起すことこそ預言者であるための証《あかし》である。

田中角栄は、この奇蹟を証とすることによって、預言者となり、カリスマの担い手となった。このカリスマによって田中角栄は、無敵の政治家となり、最強の権力者となる。

田中角栄は言う。「法律というのは、すごく面白いものでしてね。生き物だ。使い方によって、変幻自在、法律を知らない人間にとっては、面白くない一行、一句、一語一語が、実は大へんな意味をもっている。すごい力も持っている。生命をもっている。面白いものです。壮大なドラマが、その一行一句にこめられているのです」（前掲、田原氏インタビュー）

まさに、法律に無知蒙昧《むちもうまい》なる大衆に対する託宣《たくせん》ではないか。
しかし、ここに田中角栄の強さの秘密があると同時に、それがまた田中角栄にとっての最大の弱点にもなっていることを知らなければならない。同じ要因が同時に強味にもなり弱味にもなっていること、これが田中角栄が内包する矛盾である。

「法律好きの田中角栄」は、決定的に大衆を隔離し、彼が大衆政治家に成ることを阻んでいる。
すでに述べたように、現代日本における法律が、大衆から特権的家産官僚共同体を差別する身分証明書だとすれば、これは、あまりにも当然な結論であるが、日本の大衆は本能的に法律を好まない。官僚的な人間を嫌悪する。

「あの人は官僚的だ」ということは、日本では決して褒め言葉としては使われない。「官僚的」という日本語ほど英訳困難な言葉はないだろう。もとよりofficialという意味ではないし、faithful to the duties of the officerなんて訳しようものなら、まるでその意味が正反対になってしまう。こう言われて誇りに思わないアメリカの役人はいない。何と訳すべきか、ほとほと、困ってしまうのだ。

ところで、日本語で「官僚的」の反対語は何か。それはおそらく、「あの人は、役人だけど官僚的なところは少しもなくて人間的だ」ということになろう。「官僚的」の反対語が「人間的」だとすると、官僚は人間ではないのか。日本では、イヌやネコが官僚にでも成っているとでも言うのか。このことによって、日本大衆の官僚観を読み取ることが出来よう。

日本大衆にとって官僚は、制外の人なのである。欧米において官僚は、大衆への奉仕者として敬愛されることもあるが、日本大衆にとって官僚とは、遠くにいて自分らを統治して威張る者というイメージがどうしても抜け切らない。それゆえに、本当は官僚政治家であっても、なるべく官僚臭を出さないように努力する。法律を知っていても、これは伝家の宝力として抜かずにおいて、民衆の実情にあわせた政治を行うポーズをとりたがる。

これと正反対のポーズをとらなければならない点にこそ、田中角栄の悲劇の源泉がひそむ。

日本社会の中の「法」

レーガンではないが、アメリカでは、「法と秩序」を守る政治家に人気が集中する。少なくともこれが政治家としての最小要件である。ところが日本ではそうではない。法律なんか敬遠して棚上げしておいてあまりこれにこだわらず、民の実情を重視して政治を行わないと大衆政治家としての人気は生まれない。少なくとも、そういうポーズをとる必要がある。

その理由は、すでに述べたように、戦前も戦後も日本の法律は「大特異」であったからでもあるが、実はもっともっと深く、日本社会の根幹から由来することでもある。

明治以前の日本には、英語のロー（law）、ドイツ語のレヒト（Recht）、フランス語のドロワ（droit）に該当する言葉が存在しなかった。法といえば仏法のことであり、今日でいう仏教《ブディズム》は、明治以前の日本においては、仏法あるいは単に法と呼ばれた。だから、こんな話もある。明治初年、法学部というものが出来た時、仏法を学ぶ目的で入学した学生が、へんなことばかり教えるので腹を立てて大学当局にねじ込んできたので、教授は、インド哲学科への転科を助言したそうである。特に、「仏法科」など、当時の大多数の学生には、どうしてもフツホウカとは読めずに、ブッポウカと読めてしまう。

今日でいう国家の法律は、明治以前の日本では、律《りつ》または令《りょう》と言ったが、平安朝末期以来、これらは殆んど社会において機能しなくなってしまっていた。正式の制度は殆んど機能せず、幕府などという下位制度《サブ・インスティテューション》が、国家の正式な律令を棚上げして、式目などの、制定者自身が正式の国法ではないと宣言するものによって治められてきたのだ。

こんなことが何百年も続いている間に、日本人の法感覚は完全に麻痺してしまった。法律などにあまりこだわらずに、民の実性に則して行うのがよい政治であるという民衆感覚は、何も明治以後のことではなく、数百年の伝統を背景とした、きわめて根強いものなのである。

裁判に対する考え方も、ヨーロッパ諸国とは正反対である。

欧米においてよい裁判とは、法に忠実な裁判のことだと考えられてきた。裁判官が法の番人である、というのは、この意味においてである。ナポレオン法典成立後のフランスにおいては、「裁判官とは、法を語る口である」ことが理想とされ、裁判過程はあたかも自動販売機のごとく、事実を投入すると、ガラガラガッチャンとばかり、いわば自動的に法律が解釈されることが望ましいとされた時代すらあった。

日本人が今も理想とする大岡裁きの理念は、これと正反対である。常人が思いも及ばない法解釈をして、結局、民衆の実情にあわせた裁判をしてしまう。こういう裁判を日本人は一番喜ぶのではあるが、この理念を要約すると、法律なんか民衆の必要にあわせて、勝手きままに解釈してもよい、ということである。さらに極言すれば、民衆は、法律なんか本気で守るつもりがない、ということである。

ここまで言うと、いくらなんでもと思う人もあるかと思われるが、歴史の事実は明確にこのことを証明している。

明治政府はフランス民法を直訳して民法典を作ろうとさえしたし、実際に出来あがった民法も日本社会の要請からはほど遠いものがあった。ところが驚くべきことには、民衆の反撥が殆んど見られなかったのである。なにしろ、憲法制定のためなら、あれほど熾烈な自由民権運動を展開した日本人のことである。憲法とは比較にならないほど民衆の日常生活に密着した民法として、日本の伝統も慣習も無視したヨーロッパ式の民法が制定されて、さぞや日本人民は怒り猛ったかというと、実はそうではなかった。確かに、民法典論争というものはあるにはあった。しかし、それすらごく一部の識者の間で行われたものであり、広く大衆が参加したものではなかった。もちろん、その広がりは自由民権運動とは比すべくもなく、論争が行われた期間も、ごく短期間であった。

これをユダヤ人と較べてもみよ。ユダヤ人は、国が亡んでも自分達の祖法は守る。そのために殺されることをいとわぬ者さえいる。旧約聖書に出てくるダニエルのごとき、新バビロニアのネブカドネッサル大王の寵臣とされ、高い教養をうけさせて貰い、近臣としてよい待遇を受けることになったのであったが、それですら大王の意に反してユダヤの法を棄てようとはしなかった。

ところが、日本人民はなぜ、国が亡んでもいないのに、というよりも逆に、条約を改正して国威を発揮するという国策のために、いとも安易に祖法を捨てて、他国の法が持ち込まれるのを黙認したのであろうか。

その理由は、民法なんぞてんで守る気がなかったからである。ここに数百年来の伝統が物を言った。守るつもりのない法律であれば、どんな法律だって少しも差支えがないわけである。

大衆における、かかる行動様式《エトス》は、戦後も少しも変わってはいない。

例えば、相続法についてこれを見ると、財産の相続に関して、戦前は長子相続であり、戦後は均分相続である。これによって利害状況は根本的に変化するはずであるのに、論争は起きなかった。いわんや、民衆の暴動などその気配すら見えなかった。日本の大衆の法意識としては、どうせ国法など本気で守る気はなく、実情にあわせて、適当にやってゆけばいいと思っていたから、民法改正なんぞにあまり関心はなかった。

いかにも戦前の日本においては、村落共同体の中で民事訴訟でも起こそうものなら、村八分にされかねなかった。そのような例は多いし、「裁判好き」は極度に嫌悪された。

このような日本人の法意識は、戦後も殆んど変わってはいない。現在においても、会社の上司、同僚、部下などを相手に訴訟を起こしたならば、たちまちその会社には居ずらくなってしまうことであろう。

川島武宜東大教授（法学者）は、裁判所によって調停員に指定された者が、俺は何も悪いことをしていないのに、裁判所から呼出しを受けるとは心外だと言って恐れおののいたという話を挙げているが、それほどまでに法律とは、日本人の大多数にとって異質的存在なのである。

「ここからは法律入るべからず」の高札が、たかだかと日本社会の入口には掲げられている。

民衆にとっての異邦人　田中角栄

このことを理解すると、法律をパスポートとして、特権的家産官僚共同体に帰化した田中角栄

いつも大衆に呼びかけていた角栄（1976年12月1日、新潟県長岡市内）。そのスピーチは今でも語り草であるが、果たして真の大衆政治家であったのか

は、大衆にとっては、もはや異邦人になり切ってしまったことになる。日本民衆の人別帳には、もはや田中角栄の籍は見出されないのである。

　異邦人であるから、もはや田中角栄には民衆の心も言葉も理解出来ない。南蛮鴃舌《げきぜつ》（外国人の言葉を卑しめていう語）もいいところだ。田中角栄にとって、新潟二区以外の民衆の叫びなんか、鴃《もず》の鳴き声と同じことだ。だから、民衆の感情を逆なでするような言葉が、平気でポンポンと口をついて出てくる。

「土地がほしかったらね。隣りに一坪買って、そこで毎日毎日、ガンガンガンガンと、製カン工事をやっときゃね、うるさくて隣りではタダでもいいというよ」（前出「全批判」）

　まるで旧約列王記にある、イザベルがナボテを石で撃ち殺して彼の葡萄《ぶどう》畠を奪ったような所業ではないか。では、隣りの人はどうなる。大衆政治家なら、まずここに思いが及ばなければならないところであるが、大衆にとって異邦人となった田中角栄にとっては、そんなことはどうでもいいことである。特権的な官僚共同体の外の化外《けがい》の地の住民たる大衆なんぞが、死のうが生きようが知ったことではない。このような田中角栄の大衆意識が、語るに落ちたこの短い言葉の中に、ピラニアのごとく躍動しているではないか。これが現職にある総理たる者の発言かと、立花隆氏はじめ多くの論者にさんざん叩かれたが、これこそ実に、田中角栄の正体を知る上で貴重な発言である。

このことを裏書きするのが、前出の田原氏とのインタビューである。

六年の沈黙を破ってインタビューに応じた田中角栄の語るところを要約するに、自分が退陣したのは金権批判によるのではなく病気であったからだということと、自分は法律の大家だという宣伝、これにつきる。大衆に対する呼びかけが少しもないのだ。六年も表面に立たなければ、健忘症の大衆にとっては田中角栄は一種の新人である。過去はどうあれ、ニュー田中として「待望」されるチャンスは十分にある。草の根《グラス・ルーツ》における角栄人気がいかに根強いものか、彼自身知らない

旧約列王記　旧約聖書におさめられた古代ユダヤの歴史書の一つ。原作者は、伝統的にエレミヤであると伝えられている。

はずはない。それにもかかわらず、せっかくの機会において、大衆に対する呼びかけが少しも見られないということは、これが田中角栄の本性だと見るしかないのではあるまいか。なんでもかんでも、二言めには人民のために、大衆のためにとかつぎまわるのも偽善っぽくて嫌味だが、政治家として大衆に対するラヴ・コールが少しもないというのも異常である。本心であれ偽善であれ、政治家は本能的に大衆の向背を意識し、これを気にする者なのである。そしてまた、それを何らかの形において発表したがる。

ナポレオンの口癖は、「フランス皇帝は、彼の共和国と彼の人民のために……」というのであったし、「……ナポレオン王朝の系譜をたどることは極めて容易である。それは、ブリューメール十八日、パリの街頭から起った」と言って、皇帝になった後でさえも、フランス人民の一人であることを強調した。これは必ずしも彼の本心ではなく、家柄に対するコムプレクスの強い彼は、やがてハプスブルク家の王女と結婚するなどという愚挙に出るのであったが、人民に呼びかける時には、そんなことはおくびにも出さない。

皇帝ナポレオンすらかくのごとし。いわんや、ヒットラーであろうと、ムッソリーニであろうとフランコであろうと、ファッショ政治家ですら、自分は常に大衆と休戚《きゅうせき》を共にする者であることを喧伝する。

かのニクソンですら例外ではない。彼はウォーターゲート事件によって弾劾を受け、辞任を余儀なくされたのであったが、一九七四年八月八日に行われた辞任演説は、アメリカ国民に対する呼びかけという形において行われた。

この演説の結びにおいてニクソンは言う。「大統領職にあれば、アメリカ国民すべての一人ひとりと身内のような個人的な深いつながりをもつという感じをもってまいります。ここを去るにあたり、神の祝福がいつまでもあなた方とともにありますように祈ります」（ワシントン・ポスト編『ウォーターゲートの遺産』みすず書房）

これに対し、田中角栄は見せかけのためにすら民衆に対するラヴ・コールなどしなかった。というのは、そんな必要性を彼はてんで認めなかったからにほかならない。この点において彼は、ナポレオン、ヒットラー、ニクソンと比べてすら比較を絶して前近代的であり、むしろ徳川家康に比すべき存在である。民はよらしむべく、知らしむべからざるなりと言うが、田中角栄の態度はまさにこれだ。日本の支配者である特権的家産官僚共同体さえ支配していれば、権力者としてはそれで十分であり、人民なんぞいかに騒げばとて、どれほどのことも出来まい。田中角栄の思想と行動を見ていると、彼は、このように確信しているとしか考えられない。

戦後デモクラシーの権化・田中角栄

人民大衆とのコミュニケーションにこれほど無関心な田中角栄は、相手が高級官僚となると態度が一変する。何としてでも、彼らの仲間入りしたくて仕方がないのである。彼の官僚好きは有名であり、大蔵大臣の時など、大臣のほうから部下に盆暮のつけ届けをした話など有名であるが、相手が人民なら安易にラヴ・コールを発しない田中角栄も、相手が高級官僚だと、臆面もなく媚色満面に口説きにかかる。

例えば、昭和五十三年四月十七日、大村襄治《じょうじ》代議士の「励ます会」において、田中角栄は演説した。「……大村襄治クンは大変な秀才であります！（大衆の人でありますとは言わない。代議士になった後でも秀才であるかどうかということが、そんなに大切なのだろうか。自由民権運動の流風余韻がまだ残っていた戦前の政治家は、むしろこんなことは問題にもしなかった。しかし、こんなことが田中角栄にとっては大問題なのである。次を聞こう）……昭和十六年前期の東大の卒業で、この昭和十六年前期というのは大正七年の生まれで私と同じじッ、だいたい秀才が多いのであります。……えー、ホントに兄弟分というか、そういう間柄なのであります。（田中角栄の本心アリアリと言うべきか。田中角栄の兄弟分は、街頭の労働者でもなく、一般のサラリーマンでもない。いわんや、農民などではない。新潟から出稼ぎにきた田中角栄は、今や大蔵省の役人と兄弟分になって、特権官僚共同体に婿入りしようとしているのだ。彼は続ける）。
私が大蔵省に入りましたとき（大蔵大臣になった時の意）、十六年の入省組の会員にしろと、こう申し出たんですが、なかなか入れてくれない。官僚機構のガンコなところでございます（そのガンコな官僚機構に入りたがっているのは、一体誰なんだ）。が、一年ぐらい審議をした結果、今日から十六年前期卒業組と同等に扱うと（田中角栄の得意、見るべきのみ、である）……」（小林吉弥《きちや》『田中角栄とっておきの話』徳間書店）

これほど高級官僚に慇懃《いんぎん》な田中角栄も、相手がジャーナリストだと態度が一変する。

かつて、西園寺公望《さいおんじきんもち》は取材にきた新聞記者をステッキで追払おうとしたので、位人《くらい》民を極めれば、新聞記者なんぞイヌネコに見えるのかと批判された。また、吉田茂の記者嫌いも有名で、カメラマンにコップの水をぶっかけたので、「ワンマンの水芸」と評された。田中角栄は佐藤栄作の弟子、吉田にとっては孫弟子である。

それであるかあらぬか、田中角栄のジャーナリズム感覚は、大衆政治家のそれではなく、まさ

西園寺公望（一八四九～一九四〇）公家、政治家、教育者。一九〇六年内閣総理大臣に任じられ、第一次西園寺内閣、第二次西園寺内閣を組閣。桂太郎と交互に政権を担当し「桂園時代」と称された。「最後の元老」として大正天皇、昭和天皇を輔弼、実質的な首相選定者として大きな影響を与えた。

に前時代的な西園寺、吉田流のそれである。

田中角栄はかつて、記者団にむかってお前らの首なんかいつだって切ることが出来るとの暴言を吐いて、ジャーナリストの反感を買っただけでなく、大方《たいほう》をしていたく顰蹙《ひんしゅく》させたが、田中角栄がジャーナリズム軽視の体質を露呈したエピソードは多すぎて困るくらいだ。立花隆氏は、この間の事情を要約して、「自分が気にくわない質問には一喝してにらみつければ、記者もそれ以上の追及はできないという関係が田中と記者団の間には成立していた」（前出「全批判」）と言っているが、これだけですでに大衆政治家としては落第である。

こんなことは、かの軍国宰相東条英機すらしなかった。出来るわけがないのだ。ジャーナリズムは、政治家が国民大衆に語りかける媒体だから、理性を失なわない政治家なら、誰でも、これを尊重するのにやぶさかではない。ヒットラーのような独裁者も例外ではないのだが、デモクラシー国家におけるジャーナリズムには、そのほかもう一つ重大な役目がある。それは、権力の作動を看視し、これを国民に知らせるという役目である。それゆえ、デモクラシー国家における政治家は、単にジャーナリズムを宣伝・広報の方法として利用するだけでなく、これに行動を看視され、ジャーナリズムの追及を受けた場合には、十分に納得がゆくように釈明する義務を有する。このことが一般的に行われていないことには、デモクラシーは有効に作動しえないのである。

ジャーナリズムに対する田中角栄の態度がいかなるものであるか、天下周知である。もはやこれ以上、多言を要しまい。

このように論じてくると、田中角栄は日本の戦後デモクラシーの業《ごう》そのものだ、と言うことになろう。

丸山真男教授は、かつて「戦後デモクラシーの虚妄にかける」と言ったが、日本政治学の始祖とも言うべき彼の目にはすでに、戦後デモクラシーの虚妄性はアリアリと見えていたのであったが、それでも彼は戦後デモクラシーにかけることを宣言した。

この虚妄のデモクラシーの受肉化《インカーネーション》、つまり権化ともいうべき者こそ、実に、田中角栄にほかならない。

田中角栄は、典型的な官僚政治家であって大衆政治家ではないことを証明したが、戦後日本の支配者は依然として特権的家産官僚である。それであればこそ、官僚共同体の家父長的存在田中角栄は、大衆とは無縁のまま日本最大の実力者たりうるのである。

丸山真男（一九一四～一九九六）政治学者、思想史家。東京大学名誉教授、日本学士院会員。専攻は日本政治思想史。「丸山政治学」「丸山思想史学」と呼ばれ、大塚久雄の「大塚史学」と並び称された。マックス・ウェーバーの影響を強く受けた学者の一人。小室直樹の恩師の一人である。

共産国家としての戦後日本

戦後の日本は、見かけ上は資本制社会でありながら、その実、家産官僚支配の共産主義国家である、と言うべきであろう。これを表わすのに、仮面をかぶった共産主義（disguised communism）という言葉をもってするが、それはこういう意味である。

まず、富の分配様式。現在の日本ほど平等に近い形で富が分配される社会は世界中にない。入社年度が同じだと、その働きとは一切無関係に、誰でも賃金は同一である。ボーナスですら均一化の傾向を有し、あまり大きな差がないのがよしとされる。これなどボーナスというものの性質からして、まことに奇妙なことであるのだが、その働きに応じてボーナスに大差でもつけようものなら、会社における人間関係がスムーズに作動できなくなり、かえって全体の生産性は落ちる。また、日本における賃金の一部は実物給附の形をとり、各種の厚生施設の利用という形で従業員に与えられるのであるが、これもまた完全な平等に近い。その期における働きの大小によって、厚生施設の利用において差別をつけられることは全くない、と断言していいだろう。

このような徹底した賃金の均一性は、社会主義国家においてすら困難としたところである。ソ連も中国も、これを理想として試行したが失敗し、労働意欲をかき立てるためには、働きの良否に応じた賃金格差がどうしても必要であるというのが、今や定説である。

ところが、日本においてだけこの共産主義の理想である均一賃金が実現している。同一会社（官庁）において、入社（庁）年度が同一の者の収入は殆んど等しい。それであればこそ、技師の給料が雑役夫の給料より安かったり、校長の給料が小使の給料よりも低いなどという、社会主義国においてすら考えられない珍現象が、現在の日本においては決して珍らしくない。また、上下の賃金格差の開きが小さいことについても、おそらく現代の日本は世界一で、社長と新入社員の賃金比率は、昭和初年においては、約六十対一であったのが、現在では何と七対一にまで狭まっている。言うまでもなく、社長と新入社員とでは年齢も違う。それなのに、これほどまで賃金比が接近している国は、社会主義国においてすら見当らない、と言えよう。

この意味において、今や日本は世界にも類を見ない平等社会、無階級社会だと言えるだろう。まだある。共産主義社会の特徴の一つは、労働者の独裁にあるのだが、現在の日本ほど労働者独裁国家に近い国は稀である。例えば、執筆者として出版社と付きあってみて、誰しも体験することであるが、出版する本の内容、期日、その他の条件など、重要な決定は全て、担当編集者か、せいぜいで編集長との間の交渉で決まってしまう。例外はあっても、経営者や、いわんやオーナーなどの出る幕はない、と言える。たまに社長なんかと会っても、社長の役目は頭を下げて酒を飲ませるぐらいのものである。実質的に意味のある交渉など行われることはない。

その社長＝経営者も多くの場合、労働者である。オーナー社長ということもないではないが、この現象は多く中小企業に見られる。その場合でも、主眼はオーナーであることよりもむしろ、社長であることにあり、実際に経営権を握っていればこそ、オーナーであることも生かされて、大きな強味になりうる。単なる株主は、日本の会社においては大きな発言権を持たない。社債所有者に近い立場にある、と言えばいいだろう。

これは、資本制社会の原則からすればすこぶる奇妙なことである。資本制社会において会社は誰のものか。言うまでもなく株主のものである。会社は株主に属し、しかも株主だけに属する。会社に対して所有権を主張しうるのは株主だけであり、社長といえども株主の意志一つで任意に任免できる。

ところが、日本では、こういう具合にはゆかない。会社は株主のもののようでもあり、社長のもののようでもあり、社員一同のもののようでもある。

一体誰のものか、そこのところが、曖昧模糊《あいまいもこ》としたままである。

このような奇現象がまかり通る理由の一つは、日本社会においてはまだ、近代的所有概念が確立されていないからであり、もう一つの理由は現代日本においては、会社、官庁などの機能集団が（前近代的な）共同体《ゲマインデ》であるからである。

近代資本性社会が発生し、作動してゆくために必要不可欠な近代的所有概念は、次の社会学的

特性を有する。（1）絶対性、（2）抽象性、（3）直和性、この三つこそが、近代的所有概念の特性である。（川島武宜）

絶対性とは、所有者は所有物に対して、絶対的な権力を行使しうるということである。使用、収益、処分、いつどこででも完全に自由にこれをなしうる。いわば、煮て喰おうと焼いて喰おうと、全く勝手というわけである。抽象性とは、実際にその物を手に握っていなくても、つまり現実に操作できなくても、所有権は全て抽象的なレヴェルにおいて主張されうる、ということである。例えば、株式会社において株主は少しも実際の経営にタッチせず、会社の実務とは全く無関係であっても、依然として会社は株主だけの所有物であり、現場においてこれを動かしている者といえども、少しも所有権を主張することは出来ない。直和性とは、所有者と所有物との対応が一対一であること。物は一体、誰の所有物なのか、一意的（uniquely,eindeutlich）に決まる、ということである。つまり、この人の所有物のようでもあり、あの人の所有物のようでもあり、何が何やら分からないということがない、ということである。但し、この直和性は、共有や総有の概念と矛盾するものではない。その理由は、所有者は、単数である必要もなく、個人ではなく集団であってもいいからである。

容易に理解されうるように、この所有概念は権利、特に所有権と社会学的に同型《アイソモーフィック》である。

「構造的汚職」の構造

さて、かくのごとき所有概念があって初めて、近代資本制社会は成立し作動しうる。なんとなれば、かくのごとき所有概念があって初めて、商品流通も資本の流通も、一般的に可能となり、市場機構が社会全体に行きわたるからである。

ところで、先に挙げた株式会社の例からも明らかなように、日本社会においてはまだ、この近代的所有概念は成立していない。それゆえ、近代資本制社会としてありえないような奇妙なことが、いとも容易に生起する。

日本は無階級社会である、と言われるが、その理由は、富の分配の平等化が進んでいるとか、労働者の独裁が進んでいるなどというだけの意味ではなく、社会学的に、はるかに根深い理由を持っている。

マルクスは、資本制社会における階級、労働者と資本家との区別を、生産手段の所有に求めた。つまり、生産手段を私的に所有するのが資本家であり、所有していないのが労働者である。単に、金持と貧乏人との違いというのではないのである。

しかも、ここに注意すべきことは、かかる階級概念は右に述べた近代的所有概念があって初めて意味を持ちうる。すなわち、「所有」が右に挙げた三つの社会学的特性を有しない社会においては、階級概念それ自身、全く意味を失う。

日本においては、近代的所有概念が成立していない。「所有」は直和性を欠くから生産手段は一体誰のものか、判然としないのである。株主のもののようでもあり、経営者のもののようでもあり、従業員のもののようでもある、これでは、株主が資本家、従業員が労働者という図式は成立しえない。

さらに重要なことは、「所有」に抽象性がないから、現場で生産手段を操作している者は、いつの間にか、この生産手段は自分のもののような気になってしまう。ここに、構造的汚職の根源がひそむ。

日本において、構造的汚職に関係した者において特徴的なことは、罪悪感が殆んど、あるいは全く見られないことである。これは、破廉恥《はれんち》と呼んで片づけてしまうには、あまりにも社会的に根深すぎる現象である。ロッキード事件の若狭得治《わかさとくじ》に典型的に見られるように、彼らは決して犯罪者のタイプではない。社会の底辺の住民ではない。いや、彼らの大多数はエリート中のエリートなのだ。最高の教育を受け、キャリア・コースに乗り、将来を嘱望されつつ、出世街道をひた走りに走り続けてきた人々である。

このような人々が、何の罪悪感もなしに汚職に手をそめる。ここに構造的汚職の底知れぬ根深さがひそむ。

犯罪産業（criminal industry）が存在しない国はない。特にアメリカの犯罪産業は、その規模において、世界に冠たるものがある、と言われている。犯罪の発生率も、アメリカの大都市はずば抜けて高い。それにもかかわらずあえて私は、アメリカ社会は日本社会よりも比較を絶して健全であると断言する。その理由は、犯罪産業と通常の産業とは截然と分断され、そこに何の関係も見られないからである。前者に従業するのが犯罪人（criminal）、後者に従業するのが善良な市民（respectable citizen）であるが、アメリカにおいては、同一人物が両者を兼任することは決して許されない。カポネは夜の大統領と言われたが、彼が昼の大統領に昇格することは全く考えられない。また、カーター（第39代米国大統領）は政権の末期においてアメリカ国民の信頼を失ってしまったが、それでも誰も、彼が犯罪に与《くみ》するとは考えてもみなかった。犯罪のほうは弟に任せておいて、兄貴は善良な市民と、ちゃんと分担が決まっていた。それでも、フランク・シナトラのように、双方を兼任する者がいないでもないが、これは例外中の例外である。

アメリカにおいて、もう一つ重要なことは、仮に犯罪産業が一夜にして消えて無くなったとしても、通常の産業は少しも困らない、ということである。麻薬産業や売春産業が消滅しても、GMもフォードも少しも困るまい。ここに世界に冠たるアメリカ社会の健全性が見られる。

これに比べ、日本における構造的汚職が深刻であるゆえんは、それが正常な産業、日本経済の中心を形成する主要産業の中に骨がらみに食い込み、善良な市民を、定常的にまき込んでいる点である。

全日空にせよ丸紅にせよ、さらに古くは昭和電工にしても、構造的汚職が話題にのぼるたびに引合に出される会社の名は、いかがわしいインチキ会社などではなく、歴《れっき》とした一流企業が多い。しかも、その汚職は会社ぐるみとも言うべきものであり、何人かの不心得者が会社の目を盗んで、というのとはわけが違う。

正常な産業が同時に犯罪産業であり、善良な市民が同時に犯罪人を兼任しなければならない点に、日本の構造的汚職の、気が遠くなるような深刻さがある。それは、一人ひとりの心がけの問題で解決されうることではなく、日本社会構造の奥深いところからにじみ出てくる現象なのである。

共同体と機能集団

すでに論じたように、日本社会においては「所有」に抽象性がなく、生産手段を現に操作している者は、なんだかそれが自分の物のような気になってしまう。ここから、役得《やくとく》などという欧米では全く考えられない現象が発生するのではあるが、このセンスはさらに、公共財にまで拡大される。所有の抽象性があればこそ、公共財は社会全体のもの、あるいは国家のものであり、実際にそれを操作している者でも、それは自分のものではないという意識が生まれる。自分のものでないものを取れば、それはドロボーであり、正真正銘の犯罪である。ゆえに、犯意なしにこれを行うことは不可能となる。これが近代国家における汚職概念であるから、それは罪悪感をともなうことになる。

これに反し、日本のように「所有」に抽象性のない社会においては、公共財のように特定の個人に結びつかない財は無主物と思念され、誰が取ってもよいと感じられる。では、これを拾得する者は誰か。言うまでもなく、これに接近しうる者、これを現実に操作する者である。かくて日本においては、公共財と関わりを持つ官庁、会社などにおける構造的汚職の発生は社会学的に必然化する。そしてそれは、何らの罪悪感なしに、役所ぐるみ会社ぐるみの規模において遂行されることになる。

この構造的汚職発生の社会学的必然性は、現代日本における機能集団が同時に共同体であるという組織的理由によって、救いがたいほど確定的なものとなる。

現代日本社会の組織的特徴は、会社、学校、官庁などの機能集団が、同時に共同体であることにある。英米、北フランス、オランダなどにおける近代資本制社会の発生は、(前近代的)共同体《ゲマインデ》の崩壊を前提としたものであったが、日本においては共同体は崩壊するどころか、そのまま機能集団の中にもぐり込んでしまった。もとより機能集団と共同体とは、その社会学的特性を全く異にするものである。機能集団が同時に共同体であるという日本社会が内包する矛盾によって、構造的汚職は自己運動を展開する。

大塚久雄教授によると、共同体の社会学的特徴は、次のものである。(1) 二重規範を持つ、(2) 根本的富（Grund Reichtum）の配分において二重性を持つ。また、共同体内部における人間関係は、恭謙性（Piatät）に基礎をおくことが多い。また、共同体内部においては、独自の言語が成立し、独自の下位文化が発生することが多い。

二重規範とは、共同体内の規範と共同体外の規範とは全く別である、ということである。しかも、ここで重要なのは共同体内規範であり、これは高い倫理性が要求される。これに反し、共同体外規範などは結局はどうでもいいものであって、その倫理性は低い。要するに、共同体外部の人間などは、下級人間であって、そんな者が生きようが死のうが、どうでもいいということになる。

このような規範の二重性を克服し、誰にも一般的に適用される一元的規範の形成こそが近代市民社会の特徴である。

根本的富の配分における二重性とは次のことを言う。中世ヨーロッパ社会における土地配分のように、社会における根本的富は、まず各共同体に配分される。その上で改めてその富は共同体の各成員《メンバー》に配分し直される。この際、共同体内部においては、一種の共産主義が成立することもある。

この共同体の特性に照らして考察する時、ここまで論じてきた政治家田中角栄の本性も、構造的汚職発生の必然性も、明確に説明されうる。

すでに私は、田中角栄は、日本の特権的家産官僚共同体における家父長的《パトリアーク》な存在である、と言った。ここで、共同体の社会学的特性を用いて分析を進めると、彼の行動様式《エトス》が何故にかかるものでなければならないのか、その必然性が明鏡の前の文福茶釜《ぶんぶくちゃがま》のごとく、釈然としてくる。

彼は官僚共同体の住人であるから、法律というこの共同体の言語に習熟していることにしないといけない。また、年次制という、この共同体の下位文化にもひたらなければならなくなる。かくて、官僚共同体の一員、いや家父長としての地位が確立するや、日本社会の支配者である官僚は、おのれを捨てて、恭謙性《ピエテート》の感情をもって行に任えるから、欲することで、なす能《あた》わざるはないことになる。「オレに出来ないことはない。オレは法律を作ってやる。半年でやる」などと言う言葉が飛び出すのも、納得出来る。

このような意味において、彼は家産官僚政治家なのであるが、右にスケッチした共同体理論によれば、このことの系《コロラリー》として、必然的に大衆政治家ではありえない、と言うことにならざるをえない。

田中角栄のイデオロギー

右に述べたように、共同体の特性の一つは二重規範性である。官僚共同体の住人にとって、内部においてこそ高い倫理性が要求されるが、外部におけるいわば化外《けがい》の大衆と共有すべき倫理などあまりない。バイブルにおいて利子を取ることを厳禁されているユダヤ人が、ユダヤ共同体の外においては、たちまちシャイロック（ベニスの商人）的高利貸に変身するがごとく、田中角栄が官僚共同体の外において、ジャーナリズムや大衆と接するとなると、たちまちその規範性をかなぐり捨ててしまう。この際、彼を嘘つき、破廉恥漢などと呼んでも無意味である。これは彼の人格や良心に関することではなく、共同体の社会学的構造の所産であるからである。

田中角栄が役人と一緒にいる時にアットホームに感じ、ジャーナリズムに接するや、急にトゲトゲしくなるのはまさにこの理由による。外国旅行の農協が仲間内ではくつろいでいるのに、個人で外国人と直《じか》に接するや、たちまち落付きを失なってしまう、あの心理と同じことである。

ところで、ここに注目すべき重要なことは、田中角栄は自らの決断によって官僚共同体の家父長になった、ということである。これは現代日本においては、まさに奇蹟であることはすでに指摘したし、誰しも承認することだろう。この奇蹟を証《あかし》として田中角栄は日本教の預言者となった

都議選に大勝して喜ぶ幹事長時代の角栄（1959年7月14日自民党本部にて）。戦後デモクラシーの申し子といえる存在だった

ことも、すでに指摘した。このことの重要性はいくら強調しても強調されすぎることはない。日本教の預言者田中角栄は、すぐれて宗教的な政治家となり、日本最強の、あるいはおそらく唯一人のイデオロギー政治家となった。

日本に宗教はなく、イデオロギーもないというのが私の持論であり、従って宗教政治家やイデオロギー政治家は日本に存在しえないことになる。但し、田中角栄だけは例外である。また、私見によれば、日本の政党のうち一番イデオロギー性が希薄なのが共産党であり、宗教からほど遠いのが公明党であるのだが、このことについては、他の機会に論じたことなので、ここでは繰り返さない。

田中角栄がいくたびとなくジャーナリズムの集中砲火を浴び、世の指弾を受け、蛇蝎《だかつ》視されてなお少しのエネルギーのおとろえも見せず、絶望もせず、ひたすら所信の実現にむけて邁進しうるというのは、宗教的情熱なくしては考えられないことである。彼がまた、その言動において、日本人としては考えられないほどファナティックであるのも、まさにこの理由による。

では、田中角栄のイデオロギーとは何か。

一言でこれをおおえば、それは構造的汚職の代償による、平和と自由と繁栄をうることである。イザヤ・ベンダサンは、日本人は安全と水とはタダであると思い込んでいると指摘したが、日本人はデモクラシーもまたタダだと思い込んでしまっている。

しかし、これほど奇妙な人種は世界に類が見られない。

欧米人は、デモクラシーは貴重この上ないものだから、最高の代価を支払ってでも購入する価値があると考える。パトリック・ヘンリーは、「われに自由を与えよ、しからずんば死を与えよ」と言ったが、自由はときに生命を代償としてすら購うべきものである。

現在の日本人は、デモクラシーなんか空気のごとく無償なものだと信じているが、これが実は

パトリック・ヘンリー（一七三六〜一七九九）アメリカの弁護士、政治家。「自由を与えよ。しからずんば死を(Give me Liberty, or give me Death!)」という名文句でイギリスに対する抵抗運動を扇動し、アメリカに独立をもたらした。

大変な贅沢品であることは、発展途上国の多くがデモクラシーを得るべく、制度文物《ぶんぶつ》ことごとく欧米デモクラシー諸国のものを輸入して、なおかつデモクラシーも自由も得られないことを見ただけで明白であろう。

それどころか、日本人は自由も安全も繁栄も、みんなセットになるものだと思い込んでしまっている。その証拠に、「なぜあなたはデモクラシーを支持するのか」という問いに対して、多くの日本人は答える。戦争中はB29にいじめられ、憲兵にしょっぴかれ、お腹がすいてどうしようもなかった。デモクラシーになったおかげでこんなことはみんな無くなった。だからデモクラシーを支持するのだ、と。自由と安全と繁栄と、順序をつけて選ぶとなるとどういうことになるのか。このデモクラシーにおいて最も根源的な問いが発せられたことは、ついに一度もなかった。

この問いに対する田中角栄の解答は、構造的汚職を代償として、繁栄と平和と自由とをセットにして購入しよう、というにある。戦後デモクラシーのイデオロギーそのものではないか。誰もこのことを、明示的（explicitly）に指摘していないだけのことであって、暗黙のうちには（implicitly）、殆んどの日本人がこのイデオロギーに首までどっぷり浸かっている。

最近、東京芸大の海野《うんの》（義雄）教授の収賄が摘発されたが、この汚職の構成は、東京芸大いや日本の音楽界全体をまき込む、まさに構造的汚職そのものである。

『サンデー毎日』十二月二十七日号の記事にはこうある。

「海野教授だけを責めるのは酷といえようか。同教授の妹、海野悦子さんの言葉にも耳を傾ける必要があるようだ。

『兄が悪いというなら、日本全国全部が摘発されなければならないはず。邦楽はもっとひどい。著名な音楽家の方でもっと悪どくやっている方もいます。兄はおひとよしで世間知らずのところがありますから、一人でかぶらされたのです。芸大でも、ほかの楽器商と結びついている人は問題になっていないじゃありませんか』」

これを見ると、現在の日本において、田中角栄に石を投じうる者が果たして何人いるであろうか。

戦後デモクラシー最大の試煉

ここにおいて日本人は、きわめて深刻な事態に直面していることを認めないわけにゆかなくなる。

田中角栄こそ戦後デモクラシーの預言者、いや戦後デモクラシーそのものですらある。日本教角栄派によって、田中角栄イデオロギーによって空前の繁栄と平和と、見せかけにせよ自由を満喫してきた日本人は、仔狼がやがて成長して母狼をかみ殺すがごとく、田中角栄自身を今や裁こうとしているのである。戦後デモクラシーの虚妄性は、今や白日の下にその本性を露呈しようとしているのだ。

ロッキード事件とウォーターゲート事件。よく対比される二つの事件であるが、それが持つ意味は全く異なる。見かけ上は似ていても、その本質は、まるで正反対なのだ。

デモクラシーが正常に機能しうる条件として、(1)三権分立によるチェックス・アンド・バランシズのメカニズムの作動、(2)ジャーナリズムによる権力の看視、の二つが挙げられるが、ウォーターゲート事件は、アメリカン・デモクラシーが正常に機能しえたことの存在証明である。事件の発端は、ワシントン・ポスト紙記者の活動に始まり、アメリカジャーナリズムは権力を看視し告発して、次第にニクソンを追いつめてゆく。そして最終的決着の場は議会であった。ニクソンは議会の支持が得られないと覚った時、ついに辞任を決意したのであった。最終的政治責任は議会において決定されるという原則が、みごとに貫徹された。

ロッキード事件はこれと全く異なる。ことの起こりはアメリカ上院のチャーチ委員会。この事件には、終始メイド・イン・USAのマークがついてまわる。最重要な証拠もまた、カリフォルニアの連邦地裁におけるコーチャンの、免責条項のもとでの、委託尋問によって得られている。これは日本法の原理からすれば、きわめて異質的なものであり、違法の疑いも濃いのであるが、そんな無理までしてロッキード法廷は維持されている。

この経過において、日本ジャーナリズムが演じた役割は、情ないほど小さなものであった。昭和四十九年の、いわゆる金権告発の時ほども、日本ジャーナリズムは動かなかった。事実を報道するだけのことであって、田中角栄を追及するでなし、あるいは支持するわけでもなし、全てアメリカ任せである。週刊誌や一部の日刊紙は別として、ジャーナリズムの主力たるいわゆる五大紙やテレビが報じ、論じたことは、ウォーターゲート事件の場合とまるで同日の談ではない。

さらに致命的なことは、この事件における議会の役割である。政治的責任の結着は、最終的には議会において決められなければならないというデモクラシーの鉄則が、ここでは少しも守られていない。

田中角栄は有罪か無罪か、すべて裁判待ちなのである。

これでは、政治的責任がすべて法的責任の結果によってのみ決定されることになり、立法府は司法権のもとに屈服したことになってしまう。議会は国権の最高機関である資格を自らの手で葬り去ってしまうことになる。

ゆえに、この時点において戦後デモクラシーは死滅してしまう。

殷鑑《いんかん》遠からず。

戦前の立憲政治が死滅したのも、汚職の取扱いを誤ったからであった。戦前すでに政友・民政の二大政党の間の政権交替によって、ともかくも議会政治が成立した。しかし、日本政治の汚職構造は何も戦後の特産物ではない。政党政治家の汚職は後から後からと頻発した。これが政党政治の命取りとなったのであったが、その理由は、汚職そのものにあるというよりも、その追及の主体にあった。汚職による政治責任の追及は帝国議会の場によってなされず、主として、軍人と右翼によってなされた。

政党政治が死滅して、ファシズム、軍国主義の時代を迎えたのも、むべなるかなと言わなければならない。

ロッキード事件追及の主体は、ジャーナリズムでもなく、議会でもなく、メイド・イン・USAの証拠を基点とした検察権力であった。

繰り返して言う。この点において、ウォーターゲート事件とは、根本的に意味を異にするのである。

ウォーターゲートが、アメリカン・デモクラシーが健全に機能した証拠であるのに反し、ロッキード事件は日本デモクラシーが全く機能しなかった証拠となる。

ここにおいて、戦後デモクラシーは最大の試煉に立たせられる。汚れたデモクラシーか、清潔なファシズムか、その選択の前に立たせられているのである。

第3章

角栄を無罪にせよ
——私の真意

ロッキード裁判の求刑公判日に、「検事をぶっ殺して……」とテレビで発言し、非難の集中砲火を浴びたのが著者である。「田中にとって五億円はチリ紙」「角栄のような大政治家は日本に稀に見るもの」……世間を驚愕せしめた急進的な角栄論！

1983（昭和58）年 月刊諸君！（文藝春秋社）4月号掲載

テレビの発言に四百本の抗議電話

ぼくの今度の発言については、非難囂々《ごうごう》たるものがあったみたいですね。その日に四十本、翌日は三百本くらい抗議の電話があったそうです。

私の表現もいささかきつすぎて、誤解を受けてもやむをえない点がなくもなかったと思いますが、今やデモクラシーは大変な危機に瀕《ひん》している。戦前、右翼や軍部に議会政治が圧殺されたように、検察権力によってデモクラシーが簒奪《さんだつ》されかかっている。ジャーナリズムにおける空気《ニューマ》の支配に誰も抗し得ないわけです。この危機に対するショック療法の一つが、ああいう発言になったわけです。

この「危機」に比べると、汚職程度、大したことはない。この点、現在の日本人は物事の軽重について思い誤りをしているのではないでしょうか。

あのあと、ある主婦の人がぼくのところへ怒鳴りこんできました。収賄《しゅうわい》したのに田中はなぜ許されるのかって。そうしたら今度はその人の友達という人が来て、「実はあの人、息子さんを医大に入れるのに三千万円使ったんです」って（笑）。

ただやっぱりテレビっていうのはどうしても言葉足らずになっちゃう。結論から先に言っちゃいますからね。

ぼくはあの時、田中角栄のような大政治家は日本に稀に見るものである、それに有罪求刑するとは何事か、おれが日本の護民官であれば、むしろ検事を電信柱に逆吊りしてやると言ったわけです。

それはこういうことなんです。悪いことをしちゃいけないというのは当然です。しかし、それにしても、物事の軽重ということがある。たとえばここにスーパーマーケットのチリ紙を万引きした銀行支店長の奥さんがいると仮定します。しかしそんなのを一々警察に突き出すような警備員はクビでしょう。ましてや送検するとしたら、警察はバカだと思われる。それを起訴するなんて言ったら、検事は気違いじみているんじゃありませんか。そういうとまた怒られるんでしょうか。

田中角栄にとっては五億円くらい、チリ紙にも及ばないものでしょう。だからもし角栄のことを金の面で攻撃するのであれば、もっと大きな問題で攻撃するべきじゃありませんか。信濃川河川敷問題をはじめとして、土地転がしだとかで、何百億円も儲けた上、脱税までしている。特に上越新幹線は、建設費だけで　兆二千億円、直接費だけで六千億円です。おまけに、毎年二千億の赤字を出してゆく。その罪のほうがはるかに重いわけです。そういうところをいい加減にして、五億円、五億円と騒ぐな、そのほうがよっぽど馬鹿げている。そんな間が抜けた検事はぶっ殺してしまえという意味なんです。

もっとも、ここに「殺す」とは、忙殺、悩殺、愁殺……などと同じ強調語にすぎないのですが、ここらへんまで誤解している人がありますので、なお、念のため。

庶民の間では、今でも角栄人気は根強いのですが、そうは言っても、誰も彼が無罪だなんて思っている者はいません。それどころか、ロッキードの五億円なんて、ほんの氷山の一角だと知っています。角栄ともなれば、何百億、何千億の金を、ドンブリコとふところにねじこんでしまうに決まっている、みんなそう思っています。それでも、彼らは角栄を支持します。根本龍太郎（元建設大臣）は、はっきり、たとえ角さんが有罪でも俺は角さんが好きだと断言し、牢屋に入っても、毎日でも面会にゆく、といったそうですが、これぞ、大多数の角栄ファンの心情ではないでしょうか。

というのは、角栄こそが、戦後デモクラシーの受肉化（Incarnation）だからです。日本国中、どこへ行っても、みんな小角栄。さっきの息子を医大に入れたオバさんじゃないけど、角栄を悪く言う人だって、本当のところ、角栄と五十歩百歩のことをやっているんです。

第一、政治家なんかみんな、合法的な金だけで活動できっこないことを知らぬ者はない。その根本的原因は、選挙民が悪いんです。やれ、入学の、就職の、からはじまって、政治家に頼む筋合いでないことまで頼んでくる。あれやこれやでたかられるのを我慢していないと、次の当選がおぼつかなくなる。構造的汚職は現代日本社会にとって、根強いものなんですが、その構造を選挙の問題にまで広げて考えなければ決して解明出来ないはずです。

この汚れた選挙が、神聖なものとして、「政治的最終決定」を与えることになる。そこに構造的汚職の淵源《えんげん》があるわけです。

それに、政治的権力と企業との癒着《ゆちゃく》の問題。明治以来、日本の企業は強く政商的性質を持っていたのですが、この性質が戦後、致命的様相をおび、まさに病膏盲《やまいこうこう》に入った。

ここまで掘下げて考えないと、構造的汚職の意味は明らかにならないと思います。

私の結論をまず言いますとね、角栄ほどの有能な政治家をこの段階で政治的に殺してしまったら、まさに食い逃げされたにも等しい。悪いことをしたのであれば、それを償うだけのことをしてもらわなくちゃならないわけです。五年や六年牢屋に入ってもらったって、国に弁償出来ますか。角栄が悪いことをしたというのであれば、あれほど有能な政治家だから、むしろ逆にこき使えと言うことなんです。

しかも、今ほど「列島改造論」が必要な時はないし、角栄的な政治家が必要な時もないわけです。現在、景気をよくしようとすれば、国家が主導権をとって、さかんに財政投融資をするのが一番いいのですが、これにはだいぶ時間がかかるんです。予算を組み直さなくちゃならないんですからね。で、さっそく出来ることは何かというと公定歩合を下げることです。〇・五％くらいずつ下げていって、最終的に四％くらいにしたら、景気はぐっとよくなりますよ。公定歩合の引下げは日銀総裁も大蔵大臣もやるゾやるゾと言っている。しかしいつまでたってもやらない。一つには、経済が分かっていないからであり、もう一つには度胸がないからです。

なぜ下げないのかというと、まだ円高基調が地に着いていない、ここで公定歩合下げたら、また円安になるという理由で、おっかなびっくり、安物の泥棒みたいなへっぴり腰、これではとても、公定歩合は下げられないんですな。

ところがね、このお正月（1983年）、角栄のところに行った大蔵省の高級役人に対して、彼は公定歩合を一パーセントか二パーセント下げろと凄いこと言ったらしいですね。いくら何でも、これは少々乱暴すぎるとは思いますが、しかし角栄の目のつけどころはさすがに確かなんです。

日本の経済学者や経済評論家は、二年前は、日本経済のファンダメンタルズ（基本的諸条件）は非常にいいから、円高になるだろうという予想をした。ところが円安になっちゃったでしょう。そうしたら、これはレーガンの高金利政策の結果であるといった。ところが今度レーガン（米国大統領）が確実に金利を下げてきた。それなのに円安基調は収まらない。彼らは完全に予想を誤っちゃったんです。

それから今一つ日本を不安定たらしめているのは、日本政府が、金融恐慌に対して何ら手を打ってないことです。今、中南米諸国は、西側からお金を借り入れ過ぎて、金融恐慌の一歩手前までいっているわけです。

ブラジルが八百八十億ドル、メキシコが八百十億ドル、アルゼンチンが三百九十億ドル、以下、中南米諸国の借金を合計すると、二千七百億ドルという気の遠くなりそうな金額になる。

こんな大金、世界的大不況の中で弱りきった南米諸国が返せるわけありません。もし、これらの国々が破産して、こんな膨大な金が回収不能になれば、世界的金融大恐慌になるに決まっています。メキシコ借款が回収不能になっただけで、ファースト・シカゴ・バンクや、バンク・オブ・アメリカさえ危ない。だからアメリカなどは必死になって、メキシコ経済を助けたりしているでしょう。日本はメキシコだけでも百二十億ドル、南米諸国全体としては二百九十億ドル貸しているわけです。だから中南米で金融恐慌が起こったら、日本経済はペシャンコなんですよ。ところが日本政府はアメリカの何分の一の努力もしていないし、その政策は適切とは言えません。これじゃあ、投機筋にバカにされて、円は売りになってしまいますよ。

もう一つ、日本の官僚や政治家には、世界の経済との連関が分かってないんです。アメリカのドルが高いというのはさっきも言ったような金融事情もありますが、もう一つの事情はアメリカの軍事力がソ連に対して着実に優位になっているからなんです。アメリカに対する信用は増して、ドル高となり、相対的に言うと円安になります。

さてところで、右に述べた事情は、いずれも、公定歩合と関係ありません。だから今、公定歩合を下げたって、下げなくたって、円高、円安とは関係ないんです。

エスタブリッシュメントを敵にした角栄

角栄の悲劇は、とにかくその出番を間違えたところにあると思いますね。列島改造をやるには早過ぎたんです。というのは田中内閣当時の日本は、高度成長で水脹《みずぶく》れでしょう。企業の体質は、贅肉《ぜいにく》がつき過ぎていた。おまけにもの凄い過剰流動性があった。そういう時に、史上空前の大型予算を組んだんですから、インフレになるのは当たり前です。しかも適切な土地政策がなかったわけです。

あの時はやはり福田（赳夫）のほうがはるかによかったです。だから、福田と角栄とは出番を間違えた。あの時、四年か五年福田にやらせて、高度成長で水脹れになった日本経済をぐっと引き締め、それのあとで列島改造をやったらよかったんです。当時、角栄の実力はすでに日本一だったんですから、それであればこそ、なんで、もう一期や二期待てなかったのかということですね。

わざと福田にゆずることによって日本のエスタブリッシュメント（establishment＝支配階級）を味方につける。これが、角栄のような「成り上り者」にとって、日本支配のための必要条件なのです。ところが、ここのところが、角栄にはどうしても分からなかった。これが、根本的には角栄の命取りになったのだと思います。

凄絶な金権決戦を強行して保守のプリンス福田を押しのけて天下を簒奪《さんだつ》したため、エスタブリッシュメントは田中の敵にまわってしまった。

造船疑獄の時、犬養健《いぬかいたける》法相は、政治生命を捨ててまで指揮権を発動して、保守主流が壊滅することを防いだ。このようにして助かった池田勇人と佐藤栄作とは、あわせて十二年にもわたって政権を担当して高度成長政策で日本を巨大な経済大国にした。エスタブリッシュメントが、いったん腹をくくれば、ここまでやるんです。そこのところがよく分かっていなかったんですね。今でも、法律的には指揮権発動やって出来ないことはありません。それが困難だというのは、角栄が本質的にエスタブリッシュメントを敵にまわしているからです。

ただ、一つ言いたいことは、武田信玄という人は失敗した武士であればあるほど信用したといいます。だから、あの時の列島改造は大失敗だったけれども、角栄ほどの政治家だったら、あれ

造船疑獄　造船における利子軽減のための「外航船建造利子補給法」制定請願をめぐる贈収賄事件。一九五四年に強制捜査が開始。政界・財界・官僚の被疑者多数が逮捕され、当時の吉田茂内閣が倒れる発端となった。

と同じ失敗を二度とやらないでしょう。

とにかく外交の天才

それに、今こそ高度成長が必要なんです。一つは不況に次ぐ不況で、日本の企業の体質は非常に強くなったでしょう。それから生産性も向上した。弱い企業は潰れた。それに今はあまり過剰流動性もない。それからもっと重要なことには、インフレ基調が、世界的にぴちっと収まってるんですな。特にレーガンの経済政策というのは、失敗という議論が強いですけど、ぼくは成功だと見ています。ああいうマネタリスト・ポリシー（反ケインズ政策）をやれば、失業がたくさん出るのは当たり前なんです。

マネタリスト・ポリシーの成功・失敗の決め手は、不況や失業の代償としてインフレが鎮まったか、あるいは、依然としてスタグフレーション（不況の中のインフレ）が進行しているか（こうなるともう、どうしようもない）、そこにあるわけです。

レーガンの場合、インフレは収まり、金利を下げてきても再発しないじゃありませんか。これは大変な業績ですね。アメリカ経済が弱くなった最大の原因は、インフレに次ぐインフレによって、設備投資が有効に行えなかったことにあるのですから、これを鎮めたアメリカ経済は強くな

ります よ。

ところが、これはレーガン任期の前半としては成功ですが、いつまでもこれをやったらダメです。もうインフレ要因がなくなったんだから、今度は、後半ではケインズ・ポリシーをやらないとだめです。つまり、設備投資を機関車として強力な景気上昇政策をとるのです。アメリカの景気がよくならない限り、世界の景気はよくならないんですから。しかしアメリカに次いで経済的に重要なのは日本でしょう。何もアメリカだけに任せておく必要はないわけです。アメリカもこれからは積極的な好景気政策をとる。日本もそうすることによって、世界経済の景気を好転させる役割を果たせるわけです。

それから日本は、もっと自由貿易が世界のため、特に日本のために大事だということを認識して、保護貿易的な動きが世界に蔓延《まんえん》しないように、全力を尽くすべきなんです。アメリカにおいても、あとからあとから保護貿易的な法案が出される。すでに第九十七議会最終会期では、「陸上輸送法」の修正案が可決された。これで、日本の良質なスチールがアメリカに入ることが著しく困難になった。全く大変なことなんです。そのうえローカル・コンテント法なんかも何回も出されてる。

牛肉だとか、オレンジなんていうのは、タカが知れてるんですよ。だから日本は、火急速やかに、自由貿易政策をとるべきです。そしてアメリカにもとらせる。自由貿易がなくなったら、日本なんかあっという間に干上がってしまうんです。それは石油危機や、食糧を売ってくれなくなった以上の危機ですよ。なにしろ、買うお金がなくなるんですからね。自由貿易が崩れるということは日本にとって、戦争より恐ろしいことです。

ところが、日本の指導者というのは度胸がないから、徹底的な自由貿易政策がとれない。それにもっと重要なことは、経済摩擦を根本的に解決する方法は、貿易制限を取り払うっていうことだけじゃありません。それだけじゃ貿易摩擦は解消しませんよ。これを解消するための一番いい方法は、もう一回高度成長をやることです。そうすれば、GNP（国民総生産）が増えるでしょう。自動的に輸入が増えます。あっという間に貿易摩擦なんか解消しますよ。

それじゃ、第二次高度成長は何によって出来るのかというと、一つは利子率を下げることです。しかしもっと大事なことは、設備投資をやることです。まず公共設備投資に誘導されて、それから財政投融資。そのために、今こそ列島改造の時代なんです。

たとえば上越新幹線なんて、あそこで止めておくから、二千億円もの赤字が出るんです。そうじゃなくて、あの周辺にコンビナートを作ったらいい。それから東北新幹線は札幌まで伸ばして、北海道にもコンビナートを作ったらいいんです。

そうすれば財政危機も解消しますよ。行政改革なんて言ったって、クビ切りと賃金据え置きでやれるなんて限度があるんです。それよりも日本経済の規模を大きくすることです。そうすれば累進所得税だから税収がみるみる増える。そうやって赤字国債を償却し、それから財政を均衡化させればいい。だから第二次高度成長というのは財政危機を救い、貿易摩擦を解消する、最大の方法なんです。それを今こそ角栄にやらせるべきだと思います。そうしたら、何百兆円の儲けになる。タカが数兆円ぐらいごまかされたって、差し引き日本は得をするわけです。（笑）

とにかく角栄というおっさんは外交の天才なんですね。これはもう中国に行ったたって、アメリカに行ったたって、東南アジアに行ったたって、ソ連に行ったたって、角栄以外の人であれだけのことをやった人はいません。それを忘れているんです。

北方領土問題だって、今ではみんなあれを大事だ大事だ言ってるけど、終戦以来、国連でもほかの外国との交渉の場でだって、それを一言も言った人はいなかった。ソ連に対して最初にそれを言ったのは角栄ですよ。

石油危機よりはるか以前にエネルギー問題と取り組んでいたのも角栄だったんです。

終戦時、三十八年後の日本を今日のごときものと予想したとしたら、発狂したとしか思われなかったでしょうね。当時の人はドングリでもスイトンでも、ともかくお腹いっぱい食べられて、

東北新幹線　この原稿が書かれた一九八三年当時は大宮〜盛岡まで開業。現在は東京〜新青森まで開業しており、二〇一六年には北海道新幹線として新青森〜新函館北斗までが運行している。

日本国中一人も餓死者が出なければそれでいいと思っていた。毎日白米が食べられる生活なんて夢のまた夢、日本が復興しても、まさかそこまではゆくまい、としか思えなかったんですから。

まともな自動車なんか日本国中でわずか数台、大臣でもなかなか乗れなかった。まして、代議士程度なら、満員電車のつり皮にぶら下っていたとて、珍しがる者なんぞいなかった時代です。余談ですが、河野一郎（党人派の代表的政治家）が戦後政界でメキメキと頭角を現わしてきた一つの理由は、自動車を一台持っていて、それで政界要人の連絡のサーヴィスをしたからだとか言われたほどですからね。

官僚を使える唯一の政治家

とにかく日本をここまで大きくした高度成長の節目節目に田中角栄がいたことは確かです。昭和三十五年は安保改定の年ですが、これは同時に「高度成長」がスタートした年でもあった。この時、田中角栄は通産大臣池田勇人の懐刀でした。

去年の正月、角栄と対談した時、彼は重大な機密を告白しましたよ（第1章参照）。日米安全保障条約には、実はもう一つ、重大な秘密協定が付随していた。もし日本がこの条約を受け入れたら、アメリカは無料で日本に産業技術を提供する、特許料を支払わなくても重要な産業技術の使用を許可することがある、というのです。

角栄がこれに飛びついたことは言うまでもありません。日本の経済的発展を渇望する角栄にとっては、なんともこの条件は魅力的であったわけです。だからこそ、角栄は、岸（信介）首相に協力して、得意のバーゲニングパワーのあらん限りをつくして、法案の議会通過をなさしめたんですね。

この年から、高度成長の大車輪はフル回転を始めるわけです。

佐藤内閣時代、オリンピックと万国博との間の七年間は、昭和開元《かいげん》と言われていますけど、この昭和開元全盛の治を演出したのが、実は田中角栄なんです。地位の上でこそ、佐藤栄作のアシスタントみたいなものでしたが、角栄なくして佐藤政治はありえなかったわけです。

しかも外交においても、例の繊維交渉で、佐藤栄作は外交というものがまるで分かってなかったことを露呈してしまった。アメリカの繊維産業をおびやかしている日本の繊維製品を何とかしてくれというニクソン（米国大統領）の要求に対して、前向きに善処しますとか何とか、適当にその場を取りつくろっておいて、実は何もしなかった。ニクソンの怒ったの怒らなかったのって、日本首相の佐藤はウソツキ（liar）だと言って烈火のごとく怒った。外交慣行上からしても、こんな無茶なやり方はないんです。

そこで、例のニクソン・ショックが起ったわけです。

外交というものが全然分かっていない政府もジャーナリズムも、周章狼狽《しゅうしょうろうばい》、なんでこんな目にあうのか分からなかった。事情通ですら、これは佐藤が「ニクソンの顔をつぶした」からだろう、という程度にしか理解できなかった。「顔をつぶす」かどうかなんて話じゃなくて、外交のルールに全く無知だったんですね。

このポイントが外交音痴の日本人には、どうしても理解できなかったんです。そこで、日米関係は破局寸前までできてしまった。

これを救ったのが、急遽《きゅうきょ》渡米した角栄通産大臣。彼だけが、外交の何たるものであるかを理解していたのです。

それから東南アジアに行って、デモに囲まれてた時にも、彼は学生たちに演説して、その尊敬を勝ち得てしまった。

中曾根（康弘首相＝1983年当時）も案外やってるけど、やはり角栄が一番でしょう。

だいたい日本の政治家っていうのは、みんな官僚の子分なんですよ。法律一つ作るにしたって、官僚が作った通りにしないといけない。政策だって、すべて官僚が作った法律に則ってやるわけでしょう。渡辺（美智雄）大蔵大臣なんか勇ましそうだけど、ちょっと官僚の意図と違うことを言っただけで、あとでさんざん油を搾《しぼ》られて、青くなった。大臣になって表面は威張《いば》ってるけど、本当は官僚にこき使われているんですよ。

ところが官僚というのは、イマジネーションないし、決断を嫌う。大きいことは出来ないわけです。だから困る。

去年の正月、角栄に会った時、角栄は土地問題なんかあっという間に解決すると言ってました。新幹線をじゃんじゃん作って、しばらくの間、運賃をただにしろと言った。そうしたら、どこにだって人が住めるから、土地問題なんかあっという間に解決する。ぼくもそれは大変名案だと思ったんで、大賛成です。しかしそうなったら、こんどは新室町産業なんていうのが、利根川河川敷を買い占めたり、新新星企画なんていう会社が東京湾の海底を買い占めたりするんじゃありませんかって言ったら、角栄は立ち上がって、「ギャッ」と怒った。(笑) それが本誌の四月号の対談で話した例の話ですよ。ほんとには噛《か》みつかなかったけどね。(笑)

そうしたら、山本七平氏は感心した。総理大臣であれだけ馬力のある人はいないって、相手が役人だったら、どんなこと言ったって、ニタッと笑って、逆に皮肉なこと一言言って終りですよね。本当にヒグマよりすごいクマみたいだったんで、中川一郎(元農林水産大臣)が睨《にら》み殺されたた

ニクソン・ショック 一九七一年にリチャード・ニクソン米国大統領が電撃的に発表した、世界秩序を変革する二つの大きな方針転換。一つは大統領の訪中、もう一つはドルと金との兌換一時停止を宣言し、ブレトン・ウッズ体制の終結を告げた経済政策。

のもムリないわ。

とにかくあのおっさんは官僚を子分に出来るただ一人の政治家ですよ。第二番目には、決断が出来る。第三番目には官僚にないイマジネーションがある。第四番目には外交が出来る。この四つを備えた政治家って、ほかにいないです。一番ひどいのは鈴木善幸（元首相）だったんですね。サッチャー（元英国首相）がね、「私はカーターに会った時、こんな無能な政治家が世界の一流国のトップにいると思うと、ぞっとしたけど、鈴木善幸を見たら、それ以上のダメなのがいたということを発見した」といった。

角栄は確かに悪いことをする、しかし悪いことをする以上に国民を豊かにしてくれるならば、目をつぶったっていい。指揮権発動したってていいんじゃないですか。これはぼくの論理です。

何にも悪いことをしないけれど、良いことも何もしないっていう政治家では困るわけです。政治家の場合は、そのほうがはるかに害悪が多い。戦後で言えば片山哲（元首相）。戦前だったら近衛《この》文麿《えふみまろ》（元首相）ね。それから米内光政《よないみつまさ》（海軍大将、元首相）、阿部信行（陸軍大将、元首相）。そういう人は絶対に悪いことをしないでしょうけど、ものすごい無能総理大臣。近衛だとかは特に、その不決断のおかげで、日本は大変な目に遭ったわけです。

そう言うと、政治倫理の問題はどうなるのかという質問がすぐ出るけれども、政治家の倫理っていうのはね、普通の人の倫理とは全く違うんです。普通の人の倫理であれば、正直で、清らかで、悪いことをしない、これが倫理だ。しかし政治家の場合には、悪いことをした以上に良いことをすればいい。差し引き勘定でプラスになればよろしいわけです。これが一つね。

もう一つは、普通の人間の場合には、心情倫理っていうものがずいぶん重要なんですよ。同じことをしても、意図してやった場合と、間違ってやった場合、つまり善意でやった場合とでは、ぜんぜん違うでしょう。特に刑事犯なんかの場合には、意図がぜんぜんない場合には罪にも何にもならないんですからね。

ところが政治家の場合には、一〇〇パーセント結果倫理なんです。これはマックス・ウェーバーが言ってますけど、どんなに国のためを思ったって、国を亡ぼしちゃったら、それは戦犯なんですね。

中国なんかは、一九四九年の革命によって、一千万人が殺されたんだそうです。これは大変なことです。しかし中国の民衆にしてみたら、依然として帝国主義の属国で、病気と貧困に悩まされ、阿片《あへん》吸飲だとか、纏足《てんそく》だとかが残っていたほうが幸福なのかどうか、ともかくも国民が健康で、最低の生活が出来る、完全な独立の大国になるのとどちらがいいかということです。

日本の場合も、それほど極端じゃないですけど、四等国で、日清戦争以前の状態でいるのと、今とどちらがいいかということです。

こう言うとまた反論が出ましてね、何も角栄とか、佐藤とか、池田だけが偉いんじゃない、国民が汗水たらして働いたからこうなったという議論が出る。しかし国民が汗水たらして働くというのは、高度成長に成功して、近代化するための必要条件だけど、十分条件じゃないんです。たとえば中国を見てごらんなさい。まず「大躍進」で大失敗したでしょう。大躍進の時なんか、国民が十六時間働いたっていうんです。それでも大失敗した。「文化大革命」の時もそうでしょう。国民が死にもの狂いになって働いたって、経済政策が不適切であったら、かえって悪くなる場合だっていくらもあるわけです。

角栄を〝悪〟とする「空気」

要するに角栄こそが、いわゆる戦後デモクラシーの一つのインカーネイション（受肉化。権化《ごんげ》）であるわけです。

これはみんなが忘れていることですが、日本人がみんな角栄みたいになったから、こんなに経済発展したわけです。戦前なら、あってはならないものとされてきた「私欲」を陽のあたる場所に引き出したんですな。角栄だって自分だけが儲けたわけじゃない。ほかの人間にも儲けさせたわけです。悪いことをしたって言ったって、人を殺したわけじゃない。もしも日本以外の発展途上国であれば、榎本敏夫（角栄秘書）や榎本三恵子（元敏夫夫人）が生きてられると思いますか。

日本のジャーナリズムがいい加減なんですよ。山本七平氏の言う一種の「空気《ニューマ》」を作っちゃっているわけです。角栄を悪といわねば人にあらずといったような。

だいたい賄賂にしても汚職にしても、日本ではどこまでが許されるか微妙なところがあるんですね。

たとえば国鉄では、やたらに不正行為みたいなのが暴かれているでしょう。しかし労働者側はそれを長い間労使の慣行でやってきたのだから、これは労働者の権利であると言ってる。不正行為に対してですよ。

地方公共団体なんかでも、不正な給与がバレると、これは長年の慣習であって、労働者の権利であるなんて言うわけです。それだったら角栄だって、おれが長年金を儲けてきたのは、これは慣習化しているんだから、これは闇将軍の権利であるって開き直ったらどうですか（笑）。同じ論理じゃないですか。ただケタが大きいか小さいかだけの話でね。

大躍進　一九五八年から一九六一年まで、中国が施行した農業・工業の増産政策。過大なノルマによる経済の大混乱と、推計三〇〇〇万人の餓死者を出す大失敗に終わり、毛沢東は国家主席を辞任した。

文化大革命　一九六六年から一九七六年まで続き、一九七七年に終結した中国の騒乱。名目は政治・社会・思想・文化の改革運動だったが、毛沢東が自身の復権を画策し、民衆を扇動した権力闘争。

と言うと必ず、政治家は国民の手本でなければならないという反論が返ってきますが、これこそ、この上ないデモクラシーの誤解なんです。終戦後三十八年たっても、まだこんな人が生息しているなんて驚きです。

為政者は聖人、支配者は君子で、小人（一般民衆）より高い倫理水準を要求されるというのは、儒教的考え方でして、近代デモクラシーとは全く異質的です。

近代デモクラシーでは、権力は恐ろしい怪獣であり、政治家は悪魔である、という考え方を出発点に通ります。

ギラつく欲望にたぎりたった政治家が、怪獣としての政権をめぐっての争い、これが政治です。だから人民は少しでも油断すると、たちまちかみ殺されてしまう。

それであればこそ、この恐ろしい権力を三つにひきさいてチェックス・アンド・バランシズをさせ、その上、ジャーナリズムによる不断の看視が必要とされるわけです。

だから近代デモクラシーにおいては、「正義の味方」ほど恐ろしいものはありません。マンガにおいては、「正義の味方」はたのもしい限りですが、政治においては、これほど邪悪なものはない。自分だけが正しいと確信して、自分に反対する者の立場なんぞ、認めようとはしないんですからね。これぞファシズム。

殷鑑《いんかん》遠からず（戒めとすべき他人の失敗）、戦前の世にあり。

戦前の議会政治は、汚職のオンパレードでした。それを追及するのはいいんですが、その主体が問題。議会で最終決着をつけられることはなく、結局、右翼と軍部の手にゆだねられることになった。

その結果どうなったか。

現在でも、検事こそ正義の味方なんて言っていると、気がついてみたら、検察国家、警察国家になっていないと、誰が保証できるでしょう。

とにかく悪いことをした、だからそれを償わせるためにこき使わなきゃ損だ、というのが私の論理ですよ。それなのに首括《くく》ってしまう検事なんていう〝生物〟はまことにけしからん。

ぼくが「検事をぶっ殺せ」といったら、友達で検事をやってるやつが「オレは君の議論をよく知ってるからいいけど、なかには怒るヤツもいるぞ。まさかしょっぴいたりはしないけど、ないい、いいんなよぐらいは言ってデモをしてくるかもしれない」って言ってた。それだったら面白かったのにな。「ナメ猫」が流行らなくなったから今度は「ナメ検」だなんて（笑）。

結局、ロッキード裁判については、指揮権発動が一番妥当でしょうね。これは合法的なんだから。刑事訴訟法第二百五十七条によると、第一審の判決が下るまではいつでも公訴取り消しができるんです。だから立会《りっかい》検事に命じて公訴を取り消させればいい（なお、この際の法律的諸問題をめぐっては、別の機会に論じよう）。

社会党に言い寄った福田赳夫

造船疑獄の佐藤栄作（1954年当時、自由党幹事長）の時は、今よりもっと有罪の確率が高かったわけでしょう。ロッキードみたいに証拠がメイド・イン・USAじゃなくて、検察当局が完全に証拠をにぎっていたんですからね。それでも指揮権発動して、吉田内閣はつぶれなかった。だから指揮権発動しても内閣は総辞職しなくていいという前例がすでにあるわけです。立憲政治というのは前例の積み重ねですからね。前例があったらそれに従うということです。しかも池田も佐藤も、それで助かったあと総理大臣になった。これも一つの前例となって生きているわけです。提灯行列が「中曾根御用」なんて押しかけたって、何にもならないでしょう。一月二十六日のデモは飛鳥田（一雄社会党委員長）たちが議会は下っ引き、検察はお奉行様ですということを許ずも大々的に主張したようなもんです。

そうそう、社会党といえば、大福四十日抗争の時におもしろい話があるんですよ。あの時、福田は民社党に行って、オレに投票してくれと頼んだ。そうしたら自民党を割ってこっちにくるんなら入れてやるといったというんですね。それは出来ないというので、福田は何と次に社会党へ行った。そして十票でいいからくれと頼んだというんだ。社会党はさすがにそれは出来ないと断ったんだが、福田は「社会党飛躍のチャンスなのに、何という腰抜けだ！」と怒鳴ったというんだね。それはもちろん福田のはうがスジが通らない。しかしそんな言い寄り方をされるようなスキが社会党にあったことは確か。社会党がまともだったら、福田だって言い寄ったりはしないでしょう。まさか共産党に行ったりはしないものね、なんぼなんでも。

ぼくは以前、田中角栄は現代のヨブ（苦しみの中、信仰を貫いた）であると言ったことがあるんです。というのは、角栄は戦後デモクラシーのコンテキストの中で見たら、ヨブと同じように「全き人」なんです。彼は戦後デモクラシーの権化なんです。

だから角栄の試練は戦後デモクラシーの試練でもあるわけです。まして、第二イザヤのように、戦後デモクラシーの原罪をすべて角栄にひっかぶせて殺したら、日本国民はどうなるでしょうね。

だって角栄が悪いなんて言うんだったら、悪くない人間が何処にいますか。戦後の日本人はほとんどすべてがミニ角栄みたいなことをやってきたわけです。政治評論家なんかがよく金脈批判をしますけど、政治評論家っていうのはどうなんでしょう。藤原弘達と細川隆元が例のテレビでの発言で河本（敏夫）、福田、岸、中川に告訴されたことがあるでしょう。あのとき弘達はしゃあ

四十日抗争　一九七九年に起きた自由民主党内の派閥抗争。衆院選における自民党の敗北から、第二次大平内閣の本格的発足までの約四十日の間、自民党内で抗争が行われたため、この名がある。

しゃあとしてたけど、細川隆元はあわてちゃった。というのは隆元はいろんな名目で六千万円くらいもらっているんだってね。それをバラすぞっていわれてシュンとなっちゃったというんです。唐島基智三《からしまきちぞう》（政治評論家）は政治評論家のほうが政治家より割りがいいと言ったというしね。心情において小角栄である連中が角栄の悪口をいうんだとしたら、ずいぶん奇妙なことじゃありませんか。

角栄をもし辞めさせるんだとしたら、議会の決定で辞めさせればいいんです。そういう規定も前例もあるわけですから。しかし辞職っていうのは本人の意志でやるもんでしょう。それを他人が押しつけるというのはどう考えてもヘンなんだ。なぜなら議員の身分というのは選挙民の意思に基づくんであって、ほかの議員の意思に基づくんじゃありませんからね。

そんなに角栄が悪いのであればまず議会で査問委員会を作ればいい。議会というのは検察庁と同じように強制調査権があるんですからね。それならば筋は通る。

ところが検察庁が論告求刑して、その理由によって辞職勧告をするなんていうのは、さっき言ったように検事がお奉行様で飛鳥田が下っ引きというのと同じでしょう。これこそ議会政治の崩壊ですね。議員が辞めるとしたら、懲罰かさもなくんば選挙、それだけです。

「角栄は賄賂をとってよろしい」とは

選挙の結果こそが「政治的最終決定」だというと、必ず反論が出ます。たとえ角栄が何回当選したとしても、それは新潟三区の選挙民の意志にすぎないのであって、全国民の意志ではない。だから、禊《みそぎ》になんぞならないのだ、と。

新潟三区の選挙で選ばれたからといって、それで全国民が納得したわけじゃないというのは近代デモクラシーの否定です。代表民主制が悪いというのなら国民投票にするしかない。今はそういう制度ではないんですから、新潟三区の選挙民が決めたことは日本国民の最終決定、最終の政治的決断ということになるわけです。日本の知識人にも無知なのがいて、最高裁の判決は違憲だなんていうのがいる。しかし最高裁の判決は最終の法的決定ですから、それが違憲なんていうことはありえないんです。

それと同じ論理でね、もし新潟三区云々《うんぬん》の議論をするのなら、議会制デモクラシーは間違いであるという立場に立たなきゃいけない。議会制民主主義の立場に立つのなら、新潟三区の決定が最終決定、これが全国民の意志を代表することになるのです。これ以上の決定が出来る人はいないんです。日本人はここのところが釈然としないんだけど、近代デモクラシーでは、どうしても、こうならざるをえないのです。

このことは、こと政治に関する限り、政策決定に関してだけでなく、政治倫理をめぐっての是非善悪についても言える。主権者たる選挙民が、これでいいと決めたら、それでいいということになってしまい、誰が何と言っても、それ以上のことは言えないんです。

このような考え方は、大多数の日本人に、強いアレルギーを起こさせる。ある社会党の代議士は、「選挙にさえ当選したら、政治家の犯罪がすべて免責されるというなら、とほうもない腐敗政治になるだろう」と政府に質問したが、こんなデモクラシーの〝デ〟の字も知らない代議士を、除名もしないで議席を持たせておくとは、戦後日本の国会もナメられたものです（ちなみに、戦前の日本では、西尾末広《にしおすえひろ》や斎藤隆夫《さいとうたかお》は、日本の当時の国策に対する理解が十分でないという理由で除名された）。

こんなアホ代議士には、一つ、最も初等的なことを聞いてみるといいんです。当該の政治を「腐敗政治」だとは、いったい誰がいかなる規準に基づいて判断するのか。また、それがいいか悪いか、誰が決めるのか。

近代デモクラシー社会においては、それらはすべて、主権者たる国民――代表民主制においては、選挙民が投票によって決めるのです。

これがいわば、政治における「最高裁」であって、これ以上の「政治的決定」は、誰がいかにしてもなしようがない。国民が、「角栄は賄賂を取ってもよろしい」と決定したら、それは正しいことになってしまうんです。

この点、近代社会における倫理は、もちろん政治倫理をも含めて、前近代的倫理とは、根本的に意味を異にします。

前近代社会においては、是非善悪を決める社会の規範（倫理）はすでに決まっていて、人間の力でこれを変更することなんぞ夢にも出来っこない。強大な権力を有する専制君主だって、例外ではない。彼のおこないは、すべて、このすでに定まった倫理の枠組によって、その行為が評価される。

このように、近代デモクラシー社会における倫理と、前近代的伝統主義的社会における倫理との意味の違いを少しも理解していないのが現代の日本人です。現代における政治倫理騒ぎは、全くのナンセンスです。「政治倫理」はすべて主権者たる国民の決定――具体的には選挙民による投票――によって決まる、という右に述べた論理を、「政治家の挙証責任」ということと結びつけると、結論はどうしても次のようにならざるをえません。

政治家に疑いをかけられた時、その挙証責任は、あげて政治家の側にある。この点、刑事訴訟とまさに反対です。

刑事裁判の場合には、アリバイもすべてくずされ、証拠もあがらない時には、引分や灰色ではなく、一方的に検察側の負け・被告の勝ち、つまりシロとなる。

これに反し、政治家の場合には、批判者側も確証があがらず、批判された政治家の側もアリバイ証明ができなかった時、それは灰色というのではなくクロにされてしまう。例えば、賄賂を取ったようでもあり、取らなかったようでもあり、そのいずれの証明もされない時には、取ったことになる。

ところで角栄。

ロッキード事件は、永く争点とされ、角栄は必死になってこれを否定したが、完全にシロとの証明は、ついに一度もなされなかった。となると、今、刑事責任は全く別として、政治責任としてみる時には、これはクロにならざるをえない。では、クロである角栄が当選したらどうなるか。これは、主権者が、角栄はクロであってもよろしいと免責したことにほかならない。どうしても、そうならざるをえない。

これで、「角栄は賄賂を取ってもよろしい」という命題が、完全に証明されたわけです。

第4章

角栄選挙解剖
——日本の選挙風土に「汚職」は無関係

1983年12月18日に行われた総選挙を直前にした角栄論（結果は角栄圧勝）。生命がけでデモクラシーを守った角栄に対する日本国民の最終的意志決定なのだ——と著者は説く

1984(昭和59)年 月刊宝石(光文社) 1月号掲載

独裁者に殺されたデモクラシー

まず、クイズを一つ。

都道府県や市町村などの地方公共団体の議員にはリコールの制度があるのに、国会議員にはない。なぜでしょう。

いかにも、地方自治法第十三条には、リコールの権利すなわち住民による議員の解職請求権が明示してある。そして、同八十条と八十三条にはリコールの仕方とその法的効果について記してある。

国会議員については、これに該当する条規はどこにもない。国会議員をリコールするための法律は存在しないのである。

なぜか。

憲法第十五条には、公務員を選定し、及びこれを罷免することは、国民固有の権利である、と、こう明記してある。もちろん、ここでいう公務員とは、一切の公務員という意味である。国家公務員と地方公務員と、首長や議員などのすべてを含む。

憲法上は、日本国民は、国会議員でも、地方議会の議員でも、等しく任免できることになっている。この大原則に、少しの相違もありえないはずである。

選定のほうは、原理上、同じやり方だと言っていいが、クビになるほうはずいぶんと違う。

今は、国会議員が退職者となった場合と除名された場合は考えなくてよい。日本国民がその固有の権利を発動して罷免するにはどうしたちよいのか。国会議員リコールの制度はないのだから、この方法は使えない。

で、どうする。

次の選挙まで待って、かつてこの議員を選出した選挙区の有権者が、日本国民に代わってその時に落選させる。これしか手がないのだ。

なぜ、これほどまで違った罷免法が適用されるのだろう。同じく憲法第十五条の主旨に沿いながら、どこからこの大きな差が生ずるのだろう。

答え。日本国民全体としては概ね、間接デモクラシー、すなわち代表デモクラシーの方法をとっている。これに対し、都道府県や市町村などの地方公共団体は直接デモクラシー的方法を多くとり入れている。

てっとり早く言えば、国は間接デモクラシー、地方は直接デモクラシーだ。

同じくデモクラシーと言っても、間接デモクラシーと直接デモクラシーとでは、政治的意味が大きく違う。

間接デモクラシーとは、歴史における幾多の苦い経験が教えてくれた英知なのである。

デモクラシーと言うと、日本人は何だか自然状態（natural state）みたいに思い込んでいる。戦争が終わって、さて気がついてみたらデモクラシーの世の中になっていたというのだから、こう感ずるのも無理はあるまい。ところがどうして、デモクラシーが成功するのは希有《けう》のことである。国連加盟国百五十八（1984年当時。2011年現在193か国）。加盟していない国をあわせると、百八十近くなる。その中で、ともかくデモクラシーが機能している国は、全部で二十ほどであろう。北欧諸国に西欧諸国、それとアメリカ合衆国に、カナダ、それ以外の国となると、それこそ数えるほどしかあるまい。

デモクラシーの反対物と言うと、誰しもファシズム（ナチズムも含めて）を連想するが、そう単純な話ではない。

古くからある有名なところだけ拾ってみても、まず自由な共和国ローマを呑みこんでしまったのがシーザーイズム。中世においてはフィレンツェのサボナローラ（神権政治を行ったドミニコ会修道士）。もっと徹底した独裁制で長続きしたものとしてはジュネーヴのカルバニズム（神学者カルヴァンによる神権政治）。ファシズム、ナチズムについては多言を要しまい。

これほどまでに人民の自由、デモグラシーとは脆《もろ》いものなのである。

特に恐ろしいのが人民の熱狂。

これが始まったら、デモクラシーの余命はいくばくもないと思わなければならない。デモクラシーは、独裁者によってというよりも、人民自身の熱狂によって殺される。いや、独裁者の候補者は、人民の熱狂を利用することによって独裁の座へ駆けのぼる。

だから、人民の熱狂がモロに権力に流れこむ制度は、この意味で、危険この上ない。たとえば、権力者の直接選挙、国（人）民投票などは、よほど注意して使用しないと、独裁者製造マシーンになる。

ヒトラーも本質的にはそうだ。ヒトラーが権力を握った時、ナチスの得票率は、やっと三六パーセント弱。国会議事堂が炎上し、百名の共産党議員をことごとく投獄して行なった選挙ですら、ナチスの得票率は四四パーセントくらい。これは生ぬるいというわけで、それから後はヒトラー、ことある度に国民投票に次ぐ国民投票。この方法によってヒトラーの独裁的権力は、拡大され強化され、深く国民の間に根を下ろしていった。

「デモクラシー」とは、もともと、暴民政治という意味である。

それだけに、おだやかな仮面の下に、暴民政治の本性を秘めている。

間接デモクラシーの要諦《ようたい》は、民衆の狂熱を暴走させないところにある。デモクラシーが野性に立ちかえって暴民《モブ》政治となり、独裁者を生ませないようにするところにある。

議会政治が成立するための最重要な必要条件は、反対党、少数野党が存在を許され、自由に活動出来ることである。

もし、そうでないとすると、これはたちまち、一党独裁と化する。もちろん、これは議会政治でもなければ、いわんや、近代デモクラシーではありえない。

さらに、そのまた必要条件として、議員の身分が次に論ずる意味において完全に保証されていなければならないのである。

これは、国会議員の特権の中でも、一番重要なものであり、伊達《だて》や粋狂にあるのではない。

これが立憲政治の根本的条件としていかに重要なものであるか、大日本帝国憲法にすでに明記してある。

すなわち、第五十二条　両議院ノ議員ハ議院ニ於テ発言シタル意見及表決ニ付院外ニ於テ責ヲ負フコトナシ　これは議員の発言表決の無責任と呼ばれる立憲政治の大原則である。これは、そのまま、日本国憲法に引きつがれている。すなわち、第五十一条　両議院の議員は、議院で行った演説、討論または表決について、院外で責任を問はれない。

表現は少々違うが、本質的に同じことだ。

すなわち、ここがキーポイントなのだが、この議員の発言表決の無責任は、立憲政治の大原則であるから、君主制だろうが民主制だろうが変わらない。換言すれば、これがなければ、立憲政治とは言えない。まして、デモクラシーなんてとんでもない。

それほどまで重大な大原則であるので、少し説明を加えておきたい。

ここに「無責任」＝「責任を問われない」＝「責ヲ負フコトナシ」とは、まず第一に、法律による制裁《サンクション》を受けることがない、ということである。たとえば、逮捕されたり、告訴されたり、訴えられたりすることがないのである。

いかなる法律による制裁も受けないだけではなく、国家権力によるいかなる追及も受けることがない。

これほどまでに大きな特権を国会議員に与える理由は、こうまでしないと、議会を行政権力から守りきれないからである。

特に注意すべきは、過半数の議員は国民の強力な支持下にある行政権力である。これが、すごく危険なのだ。たえず、少数野党なんぞブチこんでやりたいという権力の魅惑に身をさらすことになる。

こんな時、少数野党の議員なんて、まるで、ドラ猫の前の二十日鼠《ねずみ》みたいなもの。野生のライオンがウヨウヨしているサファリ・パークの中の子供みたいなもの。しっかりと、安全バスの中に入れておかないことには、危なくて仕方がない。

この、サファリ・パークにおける安全バスにあたるのが議院なのである。

サファリ・パークにおける安全バス。その特徴は、たとえガラスで丸見えであろうと、また、そうでなくても、バスの内《うち》と外《そと》とでは全くの別世界であるということである。

すなわち、立憲政治＝議会政治においては議会の内と外とは、全く別世界であると考える。それは、立憲政治を独裁権力から守るための砦である。

国会議員はふん縛れぬ

この大原則から導き出される議員のもう一つの重大な特権に、議員の不逮捕特権がある。

帝国憲法第五十三条　両議院ノ議員ハ現行犯罪又ハ内乱外患ニ関スル罪ヲ除ク外会期中其ノ院ノ許諾ナクシテ逮捕セラルルコトナシ
日本国憲法第五十条　両議院の議員は、法律の定める場合を除いては、国会の会期中逮捕されず、会期前に逮捕された議員は、その議院の要求があれば、会期中これを釈放しなければならない。

要するに、国会議員は、めったやたらとふん縛ってはならぬ。

さて、本稿最初のクイズに立ちもどって、何ゆえに国会議員に対するリコールの制度がないか。

いや、あってはならないか。

もはや、その理由は明白であろう。

国民の過半数の支持の上に強力な政権が樹立された時どうなる。政治権力は、常に反対者を嫌う。これは、政治権力の本能だからいかんともなし難い。政府は、「世論」を背景に、リコール制を利用することにより、反対党の国会議員を、次々と国会から追放しうる。

こうなったら一党独裁。

立憲政治は、須臾《しゆゆ》（すぐさま）にして消え去り、独裁政治が確立される。

これを防止するためにこそ、国会議員の特権があり、国会議員のリコール制はあってはならないのだ。

これがひとたび前例として定着するや、立憲政治は頓死《とんし》し、独裁政治が降臨する。このことの決定的な重大さが強調されすぎることがないことは、すでに論じた通り。

田中角栄代議士に対する議員辞職勧告決議案。彼の進退をめぐっての全国的規模の世論調査。

そのいずれをとっても、怪獣を野に放ち、これを市巷《しこう》に誘致するものである。

筆者は、長年、統計学および社会調査法を専攻し、それらの研究に従事した者として、これらの所謂《いわゆる》「世論調査」に多大の疑問を持つ者である。いや、もっとはっきり言わせてもらえば、てんで信用なんぞ出来はしない。「世論調査」の結果に基づいて、国会議員の進退が決せられるなんていう先例が出来たらどうする。これ、デモクラシーの毒殺ではないか。その陰謀に参画したマスコミの責任はどうなる。

今もし仮に、角栄に対する「議員辞職勧告決議案」なるものが可決されたとしよう。そして角栄がこれを無視し、依然《いぜん》として議席にへばりついていたとなるとどういうことになる。

そんなことにでもなろうものなら、立憲政治に対して持つ意味は、根本的に違ってくるのである。

これはまず第一に、国権の最高機関である国会の意志が蹂躙されたことを意味する。ということは、国会が国権の最高機関であるというシステムが、もはや機能していないことになる。

これこそ重大だ。

ほしいままにその決議が蹂躙《じゅうりん》されたとたんに、国会は国権の最高機関であるという実体は見失われる。

そして、このことを前提として作られた全システム、全政治システムの崩壊を意味する。

こともなげにマスコミやヘボ政治家――実は、日本の政治家は、大概この範疇《はんちゅう》に入る――はこのことを口にするが、その意味を心得ているのか。

かくのごとき大事件の責任は一体、誰が負うべきか。

単なる因果法則からしてその原因を作った角栄か。

いや断じてそうではない。

角栄は、国会議員としての正当な権利を守ったにすぎない。正当にこれを行使したにすぎない。

ゆえに、このことによって何らの責任問題は発生しえない。

権利はすべからく、自ら守らなければならない。権利は、その上に眠る者を許さない。また、これが発動されたために生じた結果について責任を負う必要はない。

では誰に。言うまでもなく、理由にならぬ口実をもって法案の審議拒否という暴挙に出た野党側とこれに付和雷同《ふわらいどう》せんとした自民党反主流派に全責任は帰せられるべきである。

全員斬死《ざんし》するか、少なくとも、その重大責任を痛感して、解散して首をチョン切られる前に、自発性を発揮して辞職すべきであった。

これに反し、田中角栄は、立憲政治を守るためには、どんなことがあっても、辞職してはならないのである。

その理由については、すでに述べたこともあるが、さらに重要なのは次の諸点である。

まず第一に、議員が「懲罰」にもよらず、また「退職者となる」という理由によるのでもなく、議院外における出来事に対する責任をとらせられるという理由によってその職を失うという先例が出来たとしたら、これは一大事である。お家《いえ》の一大事どころではないお国《くに》の一大事である。

角栄一審有罪と言っても、それは議院外の出来事にすぎない。生《なま》のままでは、議院内では、何の意味も有しないのである。それはあたかも、生のままの事実、新聞報道などがそのままでは、裁判における証拠にならないのと同じことである。

裁判所における決定が、そのままで、議院内の事実になるのだとすると、これは、裁判所に隷属することになる。これでは立憲政治は立ちゆかない。

あえて誤解を恐れずに単純に図式化するとこうなる。

近代デモクラシーの根本原則からすると、一に立法（議会）二に行政（内閣）三に司法（裁判所）の順序となる。三権分立とは言うもののその中でも、国権の最高機関として国会が占める地位はかくまでも重い。

たとえば、内閣は、大赦、特赦、減刑、刑の執行の免除及び復権を決定することが出来る（憲法第七十三条）。せっかく裁判所が判決を下しても、これをパアにすることが出来るのだ。

このように、行政は強く司法は弱い。原則上も事実上行政は司法の上位にあることは疑いない。

それでありながら、行政権力が司法権力を支配すること、これは絶対に許されない。これが三権分立の最後の一線である。

憲法第七十八条に、裁判官の懲戒処分は、行政権力がこれを行なうことは出来ない、とある。内閣は、裁判官を任命しても、これをクビにすることは絶対に出来ないのである。

これは、裁判官の身分保障と呼ばれる裁判官特権であり、これぞ、行政の下位に立つ司法が守るべき最後の一線である。

しかし、さらにそれよりも重大なことはこれである。

裁判官の身分保障はかくのごとくになされているのに対し、これに該当する国会議員の身分保障はどこにもない。

では、この意味における国会議員の身分保障はないのであろうか。内閣は、国会議員としてあるまじき行為をしたという理由をもって、これを懲戒《ちょうかい》することが出来るのであろうか。すすんで、その主旨の法律を制定することが出来るであろうか。憲法の条規に禁止されていない以上、しかるべき手続きを経て、かかる法律を制定することが出来るであろうか。

いや、決してそんなことは出来ない。憲法の明文で禁止規定がなくても、これは明白に憲法違反である。その理由は、立憲の本義の上、断じてかかることはありえないからである。

立憲の本義上は、議会は政府の上位にある。ゆえに、政府が議員を懲戒《ちょうかい》することなど出来るわけがない。まして、政府が議員の政治的責任を追及するなど、全くありえないことである。まるで、家来が主人を罰するようなものではないのか。

このように、あまりにも明白すぎることだから憲法上その規定がない。

これだけのことだ。

デモクラシーを守り抜く角栄

ところが、現代のマスコミ、評論家、学者などの大多数の人々は、この明白すぎることが少しも理解出来ないときている。

すでに述べたように、角栄は、多数意見に抗してまでも議席にへばりつくことによって議会政治を、デモクラシーを一党独裁から守りぬいているのだ。

「田中角栄が議員辞職しない」のはけしからんと言って政府を追及する。

それをけしからんと言う者こそ、まさに独裁者の走狗なのであるが、国会議員進退の責任を政府に負わせるとは一体これ何事か。

責任があるということは当然、そのことに関する権限があることを前提にしなければならない。

野党および自民党反主流派は、内閣すすんでは総理大臣に、かかる権限ありと主張する者なのであるのか。あるいは、今まではなかったが、今度はこれを付与すべきだと言うのであろうか。

野党および自民党反主流派が言う、「ケジメをつけろ」「政治倫理の確立」とは、まがうべくもなく、このことを意味する。

ケジメをつけろと中曽根（首相＝当時）に角栄を辞めさせる責任を負わせることは、総理大臣に国会議員を辞めさせる権限があるということではないのか。

また、政治倫理の確立を政府にせまり、政府がそのために満足すべき措置《そち》をとらないからと言って政府を攻撃するとは、一体全体、何の了簡《りょうけん》だろう。

政治倫理なんて言ったところで、この際具体的には、中曽根首相が角栄代議士を辞めさせろということだ。そのルールを確立させろとはどういうことだ。

首相が代議士を辞めさせるルール。そんなものは立憲政治いわんや近代デモクラシーの世界においてありえないことは、すでに論じた通りである。

しかし、中曽根首相は、嬉しくて嬉しくて、胸もワクワク、気もそぞろだろう。ウハウハと笑いがとまらぬことだろう。とても、平常心なんぞでいられるわけはない。だって、野党と自民党反主流派とマスコミが共謀して中曽根首相を独裁官にしてやるというのだから。

権力欲の権化《ごんげ》たる中曽根にとって、これ以上のことって、またとあるものか。

野党とマスコミは、政治倫理という名のもとに、中曽根首相に国会議員の罷免権を与えよと息まいているのだ。そして、今後、これをルールとして確立せよとせまっているのである。

政治倫理の確立を主な争点《イシュー》としての総選挙、その実体は、実にここにある。

角栄が生命がけで守ったデモクラシーは、今や、マスコミの蒙昧《もうまい》によって死活の巌頭《がんとう》に立たせられている。

これに反し、中曽根康弘にとっては、これまた、選挙の結果がいかなるものであれ、これ以上のよいことは考えられない。

この度の奇形的総選挙、立憲政治の危機は、単なる可能性などというものではなく、現実のものに成りつつあることを如実に示している。

この総選挙は、いかなる結果になろうとも、次のジレンマが避けられないからである。

政府が勝てば、金権政治と闇将軍支配のアングラ政治を主権者が承認したことになる。

もし、政府が負ければ、首相は国会議員を罷免《ひめん》することが出来ることになり、立憲政治は死滅して独裁政治がスタートすることになる。

いずれにせよ、とんでもないことだ。

なんでこんなハメになるかと言うと、本来、選挙になじまない争点、選挙によって決められるべき争点をめぐって総選挙が施行されるからである。

そして、これというのもすべて、マスコミ、政治家、評論家、学者などが、立憲の本義を十分に理解していないからである。

ところで、政府が総選挙に「勝つ」「負ける」とはどういうことであろうか。

中曽根首相の周辺では、このたびの総選挙では、三十議席は減るだろう。二十議席減にとどまれば勝利だと言う。反主流派の見方はもっと厳しく、一議席でも減れば敗北だとまで言う者さえいるが、これはもちろん、単なるプロパガンダ。

自民党でも、今の二百八十六は、最大限の水ぶくれだと見ているから、どっちみち、かなり減るだろうとは覚悟してはいる。

では、何議席以上取れば勝ったことになり、何議席以下だと敗北か。

新潟三区の声こそ、神の声

現在（1983年当時）の自民党の代議士数は二百八十六名だから、ちょうどきっかり三十名減るとして二百五十六議席、過半数ギリギリの数となる。二十名減ったとすると二百六十六議席。いかなる場合にも、保守系無所属が五名以下ということは考えられない。となるとどうなる、あわせて二百七十一、安定多数となるじゃないか。こうなると、今まで通り政権を担当出来ることになる。それなのに首相の再選にイチャモンつけるとは、政党政治の論理からしておかしいでないのか。

このように、立憲の本義の理論を展開してくると、どっちにころんでも中曽根首相、ウハウハと笑いがとまらないだろう。

選挙に勝てば、今までやっていたことが是認されたわけで、マスコミが何を言おうと、野党がどうほざこうと、少しも気にする必要はない。政治倫理なんぞ糞くらえだ。そんな寝言をほざくから野党は負けたんだと開き直ればよい。田中曽根《たなかそね》なんて言われたって、なに、少しも気にする必要はありはしない。なにしろ、「内閣総理大臣、中曽根康弘と署名出来るようになるために、二十六年も全身全霊をささげた」男のことである。いつまでも首相でいられたら、男康弘いつ死んでも思い残すことはあるまい。

選挙に負ければ独裁官になれる。これならもっといいに決まっている。

この総選挙、勝っても負けても、中曽根にとっては、この上ないものになる。

しかし、日本国民にしてみれば、いずれでもロクなことにならない。

政府が勝てば、闇将軍による金権政治は、主権者によって是認されたことになる。かくて、アングラ政治は市民権を得て、どっしりと日本社会に根を下ろすことになる。

政府が負ければ、これで議会政治はパア。デモグラシーもこれでおしまい。憲法が形式上生き残ったにしても、それが何になろう。ヒットラーは、公式にワイマール憲法を廃しはしなかったが、ナチス党以外の政党の存在が否定された時、ワイマール共和国は滅んだ。総理大臣が国会議員を罷免しうる国、もう憲法は生きていられない。主権者たる国民が、そう決定したのだ。

こんなことになったというのも、マスコミの大多数が、少しもデモクラシーを理解していないからである。特にひどいのが、政治家。野坂昭如《のさかあきゆき》以外の政治家は、とても角栄に石を投げる資格なんぞありはしない。国会議員の進退を決定するのは、同僚の国会議員ではない。まして、首相ではない。それは、主権者たる日本国民以外にない。しかも、この主権の発動は、全日本国民にかわって、新潟の三区の有権者がこれを行なう。かくのごとくにみなされているのである。

この際、新潟三区における投票結果は政治的には最終的であり、いかなることをもってしても、何人もこれを否定することは出来ない。

「みそぎ」なんていうあいまいなものではなく、主権者たる日本国民の最終的意思決定である。主権の発動である。

民の声は天の声というが、この際には、新潟三区の有権者が、全日本国民にかわって天となり神となる。その決定は日本国民の決定である。いわば、神聖にして犯すべからざるものである。

ゆえに、角栄に代議士をやめさせようとするならば、新潟三区の有権者に訴えるほかはない。これのみがただ一つの正統的かつ有効な方法である。そのためには、新潟三区に立候補して角栄に論戦をいどむこと、これほど立憲政治の本義にかなうことはない。

ワイマール共和国　一九一九年に発足して一九三三年に事実上崩壊したドイツの政体。当時、民主的とうたわれたワイマール憲法に基づいている。

野坂昭如（一九三〇～二〇一五）作家、歌手、政治家。一九八三年に参議院議員を辞職し、金権政治を批判する意味で田中角栄元首相と同じ新潟三区から出馬するも、次点で落選。

この理由で、野坂昭如の訴えは、「天への訴え」(appeal to heaven) という意味を持ってくる。

この度の総選挙は、以上のごとく、多くの重大な意味を秘めている。

従来の選挙において、汚職や人気がその結果を大きく左右したことはなかったと見るべきであろう。

人気。これも関係ない。岸内閣、佐藤内閣の不人気も、得票にあまり関係なかった。角栄ブームも、自民党議席の増加に結びつかなかった。

汚職、人気、選挙に関係なし。というと、昭電疑獄、造船疑獄後の総選挙がひきあいに出される。しかし、これらの場合においてすら、前者は、片山(哲・日本社会党委員長)内閣のあまりの無能さに原因を求められるだろう。後者の場合には、占領を終えて独立した日本が、占領下のイメージの強すぎる吉田自由党を嫌ったのだと解釈できよう。

選挙を左右してきたのは、一に経済(物価、景気、税金など)、二に候補者のしぼり方。そして、三、四がなくて、五に天気である。汚職や人気が総選挙を決定したことはなかった。

では、この度はどうなるであろうか。

昭電疑獄 一九四八年に起きた贈収賄汚職事件。大蔵官僚・福田赳夫(後の首相)や野党の重鎮・大野伴睦(後の自民党副総裁)の逮捕に始まり、やがて芦田均内閣の総辞職をもたらした。

第5章

「世論」と裁判

1983年10月に田中角栄が東京地裁で有罪判決を受けた後に雑誌「諸君！」にさまざまな論客が弁舌をふるった。本文はそれらの状況をふまえた上で執筆されたものである。

1984（昭和59）年 月刊諸君!（文藝春秋社）9月号掲載

ロッキード裁判は司法の自殺である

角栄問題、そのエッセンスは、『諸君！』のいくたびかの特集によって、ほぼ出つくした観があると言った人があった。確かに、石島、井上（正治《まさじ》九州大学名誉教授）両弁護士の論述は法律的問題の核心を衝《つ》くものであり、渡部昇一教授のコメントもまた貴重なものがある。

なお石島氏は、

「近代国家の民主主義裁判においては〝裁かれるのは検察官である〟というわけです」

とも言っていて、裁判というものは、一体、犯罪人を取調べるためにやるのか、検事をとっちめるためにやるのかわからないような議論を展開しているが、法学者でない一市井人である私なんかの常識では、いくら考えても、本末を顚倒《てんとう》した考えとしか思えない。

石島泰《いしじまゆたか》という人は、なんでもメーデー事件、松川事件、砂川事件で勝利を収め、吉田石松巌窟《がんくつ》王事件で再審への道を切り開いた「日本一の刑事弁護士」だそうだが、私には、それがそんなに立派なこととは思えない。人権はもとより尊重されるべきだが、裁判は、人権の尊重のためにあるのではない。人を殺したり、物を盗んだり、五億円もらったりした者が、正しく罰せられ、国に正義が行われて、国民が枕を高くして眠ることが出来るために、裁判はあるのである。弁護士は、その裁判の過程において、人権が不当に侵害されることのないように、見張っているだけでいいのである。それ以上のことを、われわれは弁護士に期待しない。

繰り返して言う。あらゆる裁判は正義のためにあるので、人権のためにあるのではない。

しかし私は、本格的な議論はこれからだと思う。

その理由は、右三氏の議論にせよ、匿名弁護士の座談会にせよ、まだまだ問題の発端にすぎない――たとえそれが、いくつかの意味で核心を衝いたものであったにしても――からである。これらの人々自身が、それぞれの道における権威であるにしても、当該の論稿は、まだ片手間仕事であるとの印象をぬぐいきれまい。立花隆氏の意見にいたっては、近代法の初歩すらわきまえない、リーガル・マインドを全く欠いた斉東野人《せいとうやじん》（ものの道理を知らない田舎者）の言であって、法律論としては一顧の価値もない。

角栄問題は、先例のない、それでいて、わが国における司法問題の根本にかかわることがらであるので、もっともっと、刑法、行政法、法社会学などの専門家が参加して、本格的かつ緻密な議論が、賛否両論の立場からそれぞれ、徹底的に展開されるべきである。

石島泰（一九二一～二〇〇〇）弁護士。共産党の最高法律顧問、宮本顕治の個人弁護士をしていたこともある。雑誌「正論！」一九八四年五月号に角栄裁判は司法の自殺だとの主旨の論文を出した。

このことが持つ致命的重大さは強調されすぎることはない。というのは、現代日本においてはまだ、デモクラシー国家における裁判のあり方についてのルールが確立されていないからである。

かつて田中耕太郎最高裁長官は、裁判官は、世のいかなる雑音にもまどわされることなく裁判を行なえと訓示した。その当時は、こんなことは当たり前すぎることであると思われた。なんでこんなことを、わざわざあらためて訓示する必要があるのかと訝《いぶか》った人も多かった。しかし、今にして思えば、このことは、わが国の裁判官が、実は、決定的な瞬間においては、いかに世の雑音に敏感であるかということを予兆した言葉であったと言えよう。果然、わが国の法社会学の泰斗川島武宜《たけよし》教授の研究は、わが国の裁判官は、外見上、公平無私をよそおいながら、その実、大きく世論の動向に左右されるものであることを明らかにした。

日本の裁判官は、世論とは、マスコミのことだと思い込んでいる。

この裁判官の心的傾向は、その極端なまでの純粋培養方式から来る。大多数の裁判官は、任官してしまうと、縄暖簾《なわのれん》をくぐることも禁止されるほど世間から隔離されて、乳母日傘《おんばひがさ》で育てられる。こうなると、日本のマスコミがいかにインチキこの上もないものか、その正体なんぞ、てんで分からなくなってくる。これぞ世論だと盲信する。これほど恐ろしいことは、またと考えられない。

結局、田中角栄を信任したのは新潟３区の選挙民であり、それが角栄にとっての「世論」だった（1976年11月20日、新潟県入広瀬村大栃山にて）

日本のマスコミほど、デモクラシー諸国のマスコミからほど遠いものはあり得ないからである。

日本マスコミの附和雷同《ふわらいどう》性は世界に冠たるところ。全体主義国家だって及びもつかない。かの中国報道についてはまだ記憶している人もあろう。

日本のマスコミはよく、「世論はこうだ」「世論によれば……」なんて言う。

しかしこれぞ、デモクラシー国家においてはあり得べからざる表現である。このことを真に理解するためにクイズをひとつ。「世論」を英訳してごらんなさい。the public opinion いや、これでは全体主義国家です。日本人は大概、こう思い込んでいるからこそ、右のような表現が出来るのです。デモクラシー諸国における世論は、常に複数public opinionsでなければならない。大賛成から大反対まで、さまざまなヴァリエーションがあり、どの少数意見も尊重されなければならない。それゆえ、「世論はこうだ」という表現はあり得ないのである。

さて以上、法社会学的に検討し、日本の裁判が、特にマスコミとの連関において、いかにひん曲げられ易《やす》いものか、デモクラシー国家における裁判本来の姿から逸脱し易いものであるかについて論じた。日本の裁判に対する外部からの批判である。

これに対し、石島泰弁護士は、今日の日本の裁判に内在する恐るべき癌腫《がんしゅ》を剔出《てきしゅつ》してみせてくれた。

本誌に特集された五つの論文は、それぞれの意味において、いずれも興味津々《しんしん》たるものがある。が、石島氏の論文はまさに白眉《はくび》である。この論文はまた、近代刑事裁判の本質を、蒙昧《もうまい》の徒に、見事に解説してくれている。

本論文の要諦《エッセンス》を一言で覆《おお》えば、裁判は決して〝真実〟を明らかにするものではない、ということである。これぞ、近代デモクラシー諸国における裁判の本質である。

ここまではっきりと言い切ってしまうと驚く人も多いだろう。しかし、かかる人は、近代裁判を理解せず、それを、「遠山の金さん」の裁判と混同しているのである。しかも、デモクラシーにとって致命的なことには、司法関係者やマスコミを含めて、殆んどすべての日本人は、このくちである。すなわち、「実体的な〝真実〟」というものがそこに在って、それを解明してゆくのが裁判であると、こう思い込んでしまっている。

人々の法意識がこのようなものであると、近代裁判が機能しえなくなり、その系《コロラリー》として、基本的人権を守るための歯止めが消滅してしまう。このことを石島氏は最も憂えるのだ。

敷衍《ふえん》しよう。

川島武宜教授は、近代裁判の本質を科学的理念型《モデル》として表現して次のように言った。

裁判を行なう前に事実があるのではない。裁判の結果として事実が決定されるのである、と。

この命題は、素人目には、いかに奇妙に見えようとも、法、すすんでは法的過程（裁判もまた、法的過程の一種である）を科学的に把握しようとすれば、どうしても、かかる方法論的立場をとらざるを得ないことになる。

近代科学における諸命題は、ことごとく一種の仮説である。仮説であればこそ、常に、改訂、修正の余地が残される。そこには、絶対に正しい命題の存在を信ずる可能性はないのである。それであればこそ科学者は、いくたびとなく、〝既存の命題〟を裁き、検証（論証と実証）とを繰り返す。それゆえ、ここで決定的に重要であるのは、右の検証のための方法であって結果ではない。

こう考えないで、そこに実体的な〝真理〟が存在して、それを発見するのが科学である。こう考えてしまったら、それは一種の素朴摸写説であって、断じて近代科学ではない。

科学者は決して真理なんぞ発見してはならない。「真理を発見」した瞬間に「科学」は科学ではなくなってしまう。科学にとって重要であるのは、仮説（複数であってよい）の検証である。所定の方法による検証の結果として、ある仮説は棄却され、他の仮説は、必ずしも棄却されなかったということにされる。

かくのごとき意味においては、近代裁判の論理も右と同じ。

原告（またはその代理人）の主張も、被告（同上）の主張も、仮説にすぎない。裁判官は、これを所定の方法（手続）によって検証（判断）する。その結果、ある主張をしりぞけ、他の主張はしりぞけない。故に、「裁判に勝った」からとて、当該人の主張がしりぞけられなかったというだけのことで、〝真実〟が発見されたという意味ではない。まして、「正義が勝った」などという意味でない。裁判官が、「必ず真実を明らかにして正義を勝たしてみせる」なんて思いあがった瞬間、近代裁判は姿を消し、それは、「遠山の金さん」の裁判になってしまう。

近代デモクラシー諸国における裁判にとって重要なのは、手続（裁判のやり方）であって結論（判決）ではない。

では、近代裁判のやり方の要諦《エッセンス》は何か。

石島氏がいみじくも道破したごとく、それは、〝裁かれるのは検察官である〟ということである。

というと怪訝《けげん》な顔をする人が多い。被告は悪党で検察官は正義の味方ではないのか、と。

しかし、今までの論述を注意深く読んで下さった読者ならお分かりの通り、これぞ前近代的なデモクラシー以前の考え方である。「お上のなさることは常に正しい」この考え方だ。

近代国家においては、そうは考えない。

検察も警察も尨大《ぼうだい》な組織を持ち、強制捜査権もある。その前での一個人はあまりにも弱い。それゆえ、裁判において鋒先《ほこさき》は検察側に向くというのでなくては公平とは言えまい。交通事故においては、あくまでも歩行者に有利に、自動車に不利にというみたいなものだ。

近代裁判においては、あくまでも被告に有利に、検察に不利に、この大原則が貫かれなければならない。

それゆえ、検察官の証明に、「少しでも合理的な疑いが残ったら無罪にしなければならない」のである。

この大原則が蹂躙《じゅうりん》されたが最後、基本的人権はたちまち累卵《るいらん》の危うきにおちいる。ゆえに、この大原則は、いかなる条件下、いかなる人に対しても守られなければならない。

田中角栄は無罪の推定

この視座からロッキード裁判を見ると、憲法の精神が見事に否定され、基本的権利が無視されているることが明白となった。これでは司法の自殺だ。

根本の問題は、憲法第三十七条第二項「刑事被告人は、すべての証人に対して審問する機会を充分に与へられ、又、公費で自己のために強制的手続により証人を求める権利を有する」という最も基本的な権利について、弁護人の主張にも裁判所の論旨の中にもまったく触れられていないことである。

何と、角栄は、反対尋問をする権利を否定されたままで、有罪の判決を受けたのであった。憲法に明記された最も基本的な権利を裁判所は白昼堂々としてこれを無視し、弁護人もあまり重視しない。マスコミも大衆も、護憲運動を起こそうとはしない。真昼の暗黒どころではない。太陽の消滅ではないのか。

まだある。この裁判は、全体として「自白判決」だということである。肝腎《かんじん》の物的証拠はどこにもないのだ。

「自白は証拠の王」だとする考え方こそ、徳川時代などの前近代的裁判の特徴。近代デモクラシ一諸国における裁判の特徴は、あくまでも物的証拠を重視するにある。そうしないことには、権力側によるでっちあげを防ぎきれないからである。憲法第三十八条第三項も言うではないか。「何人も、自己に不利益な唯一の証拠が本人の自白である場合には、有罪とされ、又は刑罰を科せられない」と。しかし、ここ数十年来の裁判所の流れは、自白の意味をどんどん拡大して、共犯者の「自白」だけで有罪にしてもいいんだというまでになった。

これぞ、近代憲法の主旨に真っ向から対立する思想である。

容疑者なんて弱いものである。刑事やら検事やらのその道の専門家に、よってたかってしめ上げられたら、大概のことはゲロってしまう。いや、あることないこと、なんでも言われたままのことを「自白」してしまう。これでは人権は守り切れはしない。それであればこそ、近代裁判では「自白」を証拠とするためには、きびしい制限を置くのだ。「検察官の作った供述調書の証拠能力は、原則として認められない」というのも、まさに、この理由による。

ところが、角栄裁判の場合にはどうか。

検察官の作った自白調書は、全部証拠に採用されており、その自白調書が有罪認定の主柱になっているではないか。

石島弁護士は、このことの決定的重要性を強調して言う。「『無罪の推定』とは、検察官の起訴を信じないことを原則とする。検察官や警察が密室で取り調べた証拠についても信用してはならない。原則として公判の証人だけを信用しろ」と。これぞ、近代刑事裁判の鉄則たる直接主義、当事者主義である。

しかし、かくのごとく論ずると、必ずや反論がなされよう。誰の面前で述べられようと証拠は証拠。真実は一つ。第一、ひとたび検事の前で断言したことを裁判で否定するなんて卑劣ではないのか。そんな二枚舌の人間の証言なんて、てんであてになるものかと。

しかしこれは、近代裁判は実体ではなくて仮説であるということを理解しない中世封建時代の人の言である。

裁判官は、決して自ら〝真実〟など求めてはならない。実体的真実などというものが存在するなどと考えてはならない。すべての証拠を見たいなどと考えてはならない。裁判官のなすべきことはただ一つ。検察官が提出した証拠をよく見て、証明が出来ているか、証明不十分であるか、それについて判断することだけである。これらはすべて仮説だから、これ以外になしようがないのだ。ところが、職権主義、糾問《きゅうもん》主義（刑事裁判において裁判官と検察官の役割が分かれていないことを意味する）の後遺症がまだ残っている日本ではそうではない。

第6章

緊急提言
田中角栄待望論

百年に一人出るか出ないかの大政治家を、日本人は見捨てるのか!!

国歩艱難《かんなん》にして英雄を想う。内憂外患こもごもせまり、このときに角栄が居てくれたなァと想うのは筆者だけではあるまい。

1987(昭和62)年 月刊宝石(光文社)5月号掲載

奇蹟を演じた大政治家

今また、何で角栄か。

毀誉褒貶《きよほうへん》は政治家の常ながら、角栄ほど、評価が極端に二極分裂している政治家も珍しい。

一方には、立花隆のように、いかなる場合でも角栄を讒謗罵倒《ざんぼうばとう》し、一片の評価もしない人々も少なくない。

また、角栄を半神的に評価している評論家、ジャーナリストも多い。

そのうちの白眉《はくび》が早坂茂三である。

早坂茂三（政治評論家）は明言する。……私はオヤジの家来になった。……男ありき。私は改めて確信しました。オレが田中角栄に賭けたのは、間違いじゃなかった——と。

早坂茂三は、人も知る、角栄の秘書。

だから身贔屓《びいき》したんだと言う勿《なか》れ。

政界、言論界、人情薄きことオブラートのごとし。昨日の家来は今日の敵。苦境におちいれば、大概の子分は逃散《ちょうさん》する。例えばかの戸川猪佐武《とがわいさむ》。角栄子分の政治評論家として有名であった。ところがどうだ。角栄がマスコミの集中砲火をあびるや、豹変した——いや、豹変なんていうのはもったいない。もちろん、虎変《こへん》なんぞではない。猫変か――。ここで角栄がコロリと死んでくれると面倒なくていいなァなんて言った。

隗《かい》より始めよ。その言の通り、戸川猪佐武は、「お先に失礼！」とあの世に旅立った。

これが、政界・言論界の常。

しかし、このような子分は、角栄の場合には、例外中の例外。

日本の評論家は、筆を曲げることで知られている。付和雷同は、日本マスコミの常。しかも、角栄を評価してきた評論家で、角栄一審有罪判決後、日和《ひよ》ったという例を、ほとんど聞かない。

政界では、それ以上。

角栄がどんなに苦境に立っても、田中派から脱走兵を出さなかった。

これは、政治の世界では、奇蹟中の奇蹟。

角栄は、挂冠《かいかん》（官職を辞めること）後、逮捕され、起訴され、有罪判決を受け、ついに病いに倒れた。この四つのうちの一つだけでも、派閥は雲散霧消《うんさんむしょう》するに決まっている、のに田中派にかぎって、危機あるごとに、より強大になっていった。

かかる破天荒の奇蹟を演出しただけでも、空前の業績ではないか。

いかにも、角栄は奇蹟の男である。

角栄は、高級官僚を手足のごとく駆使した――これぞ、角栄の特技。角栄以外の日本政治家は、官僚の傀儡《かいらい》であることはよく知られている——。池田・佐藤内閣を輔《たす》けて奇蹟の高度成長をなし遂げせしめた。二度（あるいは三度）も自民党総裁選において奇蹟的逆転をなし遂げた。

角栄こそ、百年に一人の政治家。日本人ばなれした有能な政治家である。

中国の詩人は、「龍山の飛将をあらしむれば、胡馬をして陰山をわたらしめじ」と詠んだ。

国歩艱難《かんなん》にして英雄を想う。

内憂外患もこもごもせまり、中曽根内閣はノータリノタリ、フーラリフラリ。ニューリーダーまた、エイズに感染した幼児のごとし。

この時に、角栄が居てくれたらなァと思うのは筆者だけではあるまい。

では、いかなる意味で有能か。

一つは、持って生まれた能力である。

政治家の場合、先天的才能がないことには、どうしようもない。努力では、大政治家には成れないのである。ドイツ軍の大参謀総長シュリーフェン元帥は、将軍は生まれつくものであって成るものではない、と言った。提督もこれと同じ。かの井上成美《しげよし》大将のごとき。この人の人格、識見について、今なお渇仰《かつごう》する人が多い。それでいて、井上提督は、戦争には弱かった。先天的な素質がなかったのだろう。

政治家も、生まれつくものであって、成るものではない。

田中角栄、大政治家に生まれついた。

このことは、角栄が外交の天才であることによっても知られよう。大外交家である能力、すすんでは国際政治を見抜く能力は、経験をつんでも、どうなるものではない。特殊能力を持っていることが必要となってくる。

たとえば、かのタレーラン。普段は、酒と女に身を持ちくずして、努力することなど大嫌いであった。それなのに、フランス史上最大の外交官であるとの評価は定まっている。

キシンジャーは、大統領特別補佐官になった時、揚言した。アメリカ人は外交を知らない。私が教えてしんぜよう。

キシンジャーは、あっという間に、アメリカの宿痾《しゆくあ》ベトナム戦争を終結せしめ、永年の懸案たる米中復交をなし遂げた。

アルフレート・シュリーフェン（一八三三〜一九一三）ドイツ帝国の軍人。戦術家として知られ、第二次世界大戦まで使われ続けた、対仏侵攻作戦シュリーフェン・プランを考案した。
井上成美（一八八九〜一九七五）海軍軍人。海軍大将となった最後の軍人。軍務局長時代の井上と米内光政海軍大臣、山本五十六海軍次官の三人は「海軍省の左派トリオ」と呼ばれ、「日独伊三国同盟」に反対した。
シャルル・タレーラン（一七五四〜一八三八）フランスの政治家、外交官。ウィーン会議で代表となり、敗戦国であるフランスの国益を守ったことで敏腕政治家として有名。

国務省の職業的外交官が、逆立ちし、宙返りしても不可能なことであった。

それまでキシンジャーに、一回の外交的体験があるわけでなかった。彼は、一介の学者にすぎなかった。一応、一流の国際政治学者だということにはなっていた。ただし、一流でもヒラ一流。MITやらハーバードやら、超一流、ウルトラ超一流の学者が蝟集《いしゅう》するボストン、ケンブリジ界隈《かいわい》、ヒラ一流程度の学者の影は薄かった。

この程度の蛟龍《こうりょう》（雌伏し、時機を狙う人のたとえ）が、ひとたび雲を得て昇天するや、その活躍、ご存じの通り。

大外交家に成るのに、体験も学問も必要なし。

大外交家であるための必要十分条件は、大政治家であることとである。

ヒットラーとスターリン。

政権をとるまで、少しの外交的体験もなく、また、無学であった。しかも、その外交的手腕たるや、欧米凡百の外交家を、戦慄せしめ、眩惑《げんわく》せしめたではなかったか。

角栄もまた、外交的体験も少しもなく、また、無学であった。

しかも角栄は、外交音痴でその名も高い日本人の中で、おそらく唯一人の大外交家であった。

これこそ、角栄が百年に一人の大政治家であることの証拠ではないか。

もう一つ、角栄が大政治家であることの理由。

秀吉と角栄の類似

今や角栄は、致命的失敗をし、辛鹹《しんかん》をなめつくしたからである。失敗ほど貴重なものはない。

これは、政治家においても、軍人においても、経営者においてもそうである。フリートリヒ大王は、朕《わし》は、負けたことのない将軍を信頼することは出来ないと喝破した。フリートリヒ大王は、いくたびもの敗戦を乗り越えて、小国プロイセンをしてヨーロッパの大国に列せしめた。フリートリヒ大王が、真の偉大さを発揮したのは、いかんともしがたいほど大敗した時であった。

ある時、武田信玄のところへ、一人の武士がやってきた。家来にしてくれというのであった。信玄は口頭試問をした。汝は今までどんな戦い方をしてきたかを、述べてみよ。その武士は答えた。あの時は、ああ負けました。この時はこう負けました。信玄は、この武士を召しかかえるこ

フリートリヒ二世（一七一二〜一七八六）第三代プロイセン王。軍事的才能と国家経営能力で強大化に努めた啓蒙専制君主。自ら書を著し哲人王とも呼ばれ、功績を称えてフリートリヒ大王と尊称されている。

とにした。ほかの家来は、口をそろえて反対した。なんで、あんなに負けてばかりいる者を採用めさるのか。だが、そこが信玄。あの武士は、負けるたびに、よくその理由を吟味し、よく反省している。今度は勝つだろう。果たして、信玄の言通りであった。

艱難汝を玉にす、という。

でも、玉でなく瓦《かわら》であったら、くだけてしまう。

困難にいじけてしまう者のほうが多いし、失敗で破滅する人はもっと多い。

他方、雪中の松柏ますますあおし、という。

真の大英雄として完成されるためには、艱難辛苦で鍛え抜かれる必要がある。

いかに能力と気迫があろうとも、勝ってばかりいて負けたことを知らない人物。これほど危険な人物はない。

秀吉は負けたことがない。記録も定かならぬ軽輩の時は別にして、秀吉が負けたという記録はない。なァに、小牧の「敗戦」など、さしたる敗戦ではあるまい。その後の秀吉の勢力は隆々として躍進し、家康との差は開くばかり。この「敗戦」すら、池田勝入《かついり》（恒興《つねおき》）などのオッチョコチョイが、秀吉の忠告を軽視して、抜けがけの功名をあせったからであった。

晩年の秀吉は、乃公《だいこう》（自分を指す一人称）のなすところ何か不可あらんやと、大陸出兵という暴挙に出た。秀吉の指揮ぶりもムチャクチャであった。国内政治も圧政に次ぐ圧政。あれやこれやで、豊臣の天下は、二代ともたなかった。その後、天下は家康の手に帰し、十五代も続いたことは、ご存じの通り。

角栄は、今太閤と言われた。

何と秀吉に似ていることか。

角栄は、あまりにも成功を重ねすぎた。あるいは失脚にもつながりかねないスキャンダルも、幸いにも、くぐり抜けてきた。

あまりにも成功ばかり続いたので、天下人角栄は、目前に危険きわまる陥穽《かんせい》があることに気付いていなかった。いや、気付いていても、イヤナアニと、たいして気にもとめていなかった。十全の対応策を準備しなかった。そのために、奈落へむけてのクロネコ便になってしまった。

「敗戦」を知らなかった将軍

佐藤内閣の末期、佐藤首相は驕《おご》りきっていた。誰も俺を相手に出来る者なんか居ないとうぬぼれきっていた。それももっとも、権力ほど激烈な麻薬はない。三選どころか四選まで果たした佐藤首相は、阿片《あへん》中毒よりもおそろしい権力中毒に脳を冒されて、的確な判断が出来なくなっていた。あまりの長期政権に、人心はすでに倦《う》みきった。もはや佐藤は、党内を自由にすることが出来なくなっていた。しかも、佐藤はこのことに気付いていない。

佐藤首相は、福田赳夫に禅譲《ぜんじょう》するつもりであった。佐藤栄作の兄で政界の黒幕岸信介も、それがいいと考えていた。それが、政界人や世間の常識であった。もちろん、角栄の力量と功績は抜群のものがあった。明治以来、最年少の大臣でもあった。ちなみに、三十代の大臣は、角栄と森有礼《ありのり》の二人だけ。

しかも、私立の大学さえ出ていない、叩き上げの角栄が……総理大臣に。これは、当時、考えられることではなかった。維新の元勲と軍人を別にすれば、歴代の総理大臣、ほとんど東大法学部出身であった。

角栄は、大学を出ていないだけではない。専門学校も高等学校も、中学校さえ出ていなかった。その経歴たるや、エリートコースに乗ったものではなかった。キャリア・コースの官僚でもなく、ビジネス・エリートでもなかった。

その角栄が首相に。

当然のエリートを自任する東大グループに首までドンブリコとつかった佐藤首相は、思っただけでぞっとした。

後任が、同じく東大法学部出身の福田赳夫であることは、佐藤首相にとって、自明の結論であった。

福田の後見人たる岸も、角栄を嫌った。その理由は、田中内閣が出来れば、日中国交正常化のおそれがあったからである。岸は、骨がらみの台湾・国府主義者であり、「日韓台ロビイスト」の親玉でもあった。

こんな具合であったから、福田は佐藤首相の禅譲を待って油断していた。

しかし、権力は、禅譲待ちの極楽蜻蛉《とんぼ》を好まない。本場の中国でも、禅譲が行われたのは、堯《ぎょう》舜《しゅん》の世、つまり超古代の話。その後は、すべて放伐《ほうばつ》（暴君や暗君を天下のために討伐して追放し、替わりにその位に就くこと）。形式的な禅譲がなかったわけではなかったが、実質的には、すべて放伐。

知らぬは福田ばかりなり。

角栄は、断乎として放伐を決意した。

佐藤首相の意図も何のその。

角栄は、総裁選へむけて、猛烈なダッシュをかけた。

一九七二年、自民党の総裁選。第一回投票では、角栄一五六票、福田一五〇票。過半数票を獲得したものがいなかったので、第二回目の決選投票。角栄二八二票、福田一九〇票であった。

角栄の圧勝。

しかし、佐藤首相の意志を蹂躙《じゅうりん》したので、しこりが残った。

日本の支配勢力《エスタブリッシュメント》を敵にまわすことになった。

日本に貴族はいないし、昔から、貴族は支配階級としての実力を有しなかった。日本における支配勢力は、東大出身者を中核として、そのまわりに形成される。

東大かそれに近い大学の出身者以外の者が、あまり強大になると、どこからともなく毒矢がとんできて殺される定めになっている。

かつて、東京都知事選に、美濃部亮吉《みのべりょうきち》と秦野章《はたのあきら》とが立候補したことがあった。どっちを支持するかと問われて、ある商店主「そりゃ美濃部ですよ。秦野のような叩きあげの私大出に東京都政を任せられますか。それに比べて、美濃部サンは東大を出ている。都知事にふさわしい」と答えたとか。

この答えに、山本七平、ウームと唸《うな》ったとか。

立花隆が執拗に角栄攻撃をくり返してきたのも、小学校出が首相になるのは許せないと憤慨したからであるとか――田中が総裁候補になるほど実力をたくわえた時、田中を嫌がった政治家がいた。「あんな男が首相になると、自分たちの経歴にキズがつく」と。立花氏も田中の「下品」なところが嫌いなのだと明言している（『実力者角栄』藤山淳二ほか。笠倉出版社）。

日本の支配勢力が仕掛ける恐ろしい陥穽《かんせい》。

成功に次ぐ成功で、得意満面の角栄、この陥穽に気付かなかった。いや、気付いても軽視した。今の俺に出来ないことがあるものか。

この時の角栄は、まだ、みがかれざる玉であった。フリードリヒ大王のいう「敗戦を知らぬ将軍」であった。天下を取った後の秀吉であった。

田中角栄首相が、外交においては対米、対中、対ソと、金字塔に次ぐ金字塔を立てたのに比し、内政においては裏目うらめと出た一つの理由はここにある。

角栄は、首相に成ることによってゲッソリと、自民党内における勢力を大きく失った。党外においても同様。

それまでは、佐藤栄作を代表とする日本の支配勢力を背景として勢力を振るえた。それが、佐藤栄作に反抗することによって、支配勢力を敵にまわすことになってしまった。首相に成った角栄は、今や、地力だけで勝負しなければならないハメになったのである。その影響力が大きく後退したのも、また宜《むべ》なるかな。

もともと、小学卒の成り上がり者なんか大嫌いな日本の支配勢力のことである。ヒラ大臣までなら何とか我慢してやらぬものでもないが、総理大臣はどうにも許せない。その地《じ》があるところへ、佐藤首相への反乱。支配勢力は、堪忍袋《かんにんぶくろ》の緒を切った。

このことを、知らぬは角栄ばかりなり。

皮肉なことながら——いや、政治力学上、当然のことながら——、角栄の勢力は、彼が首相であったとき極小であった。それ以前は、池田・佐藤両首相の懐刀として、それ以後は、闇将軍として、角栄の勢力は、きわめて大きかった。

ゲーム理論の鞍点《サドル・ポイント》のごとく、形式的権力が極大になった時、実力は極小になったのであった。

田中内閣の悲劇は、ここより発する。

右のように、主体的にも客観的にも、角栄が大宰相となる機は熟していなかった。角栄自身、失敗知らずでウハウハしていたし、怒り狂った支配勢力は、エイズ・ビールスでも注射してやれと陰謀をたくらんでいた。

まだある。

角栄が奇蹟的に日中復交に成功した時、ニクソン、キシンジャーはじめ、アメリカ人は恐れおののいた。

角栄の外交手腕は、繊維交渉以来、よく知っている。しかし、日中復交なんか出来るはずがないと踏んでいた。米中関係と違って日中関係には、復交の前に解決しなければならない難問があまりにも多かったからである。それらの難問を角栄は、みごと一刀両断してしまった。

ニクソンもキシンジャーも、みるみる、まっ蒼《さお》。

角栄は、ひょっとするとアジアの王になるかも。

今のうちに何とかしなくては。

今こそ必要!!「列島改造」

このように、四面楚歌《しめんそか》であった。

これでは、どんなよい政策でも実行出来まい。

加之《これにくわえて》、「日本列島改造」の機もまだ熟していなかった。「日本列島改造」は、今こそ必要なのに、田中角栄内閣が成立した一九七二年には、時期尚早であった。二月の桜というか、昼間出た幽霊というか。間が抜けたうえ枯死してしまって当然である。

ここまで論じてくると、筆者の「角栄待望論」の輪郭は、ある程度明らかになってきたと思われる。

角栄は、百年に一人出るか出ないかの有能な政治家である。その上、今や、大失敗を体験し、骨髄もとけるほどの辛酸もなめた。金剛石《ダイアモンド》もみがかれて、燦然《さんぜん》とした光を放つ時である。

今の日本に必要なのは、かかる角栄である。

と、角栄を待望したところで、反対する人も多いことだろう。

次に、右の命題を証明しよう。

また、何故《なにゆえ》に、「日本列島改造」は、一九七二年には時期尚早で、一九八七年なら必要なのか。

日米間の「貿易摩擦」「経済摩擦」「円高」「ドル危機」……烏《からす》の鳴かない日があっても、これらの用語《ターム》を目にし耳にしない日はあるまい。しかも近頃、めっきりと頻出するようになってきた。そこで、これらは、最近噴出してきた諸問題だと思っている人もあるかもしれない。

ところがどうして。

右のような諸問題が発生してきたのは、今よりほぼ二十年も前、一九七〇年代のはじめ頃であった。

さしも精強をほこってきたアメリカ経済も、ベトナム戦争で疲弊《ひへい》した。世界最強であったアメリカ産業の競争力も、めっきりと衰えてきた。

霜をふんで堅氷《けんぴょう》いたるという。

今日の日米経済問題。そのほとんどの兆候は、すでに、一九七〇年代のはじめに現われていたのであった。ただ、その深刻さの程度は今とは桁《けた》ちがいではあった。そのためか、アメリカがあげた悲鳴の声が小さかったので、大概の人々は聞きながしてしまったのであった。連日、新聞などの報道機関をにぎわしたこともあったが、日米貿易摩擦、通貨問題……ｅｔｃを大多数の人々は見のがしてしまった。専門家や当事者が血相を変えて論じている問題であっても、巷間の人々の関心を惹くことはほとんどなかった。「心焉《ここ》に在《あ》らざれば、視《み》れども見《み》えず、聴《き》けども聞《き》こえず（『大学』伝第7章　第2節）」の用例みたいな話ではないか。

日米経済戦争は、決して、昨日今日に勃発したのではなかった。

その勃発は、一九七〇年代の初頭であり、その兆候はすでに一九六〇年代に見えていたと言うべきか。

ただ、大多数の日本人は、日米経済戦争に関心を有せず、関心がある少数の人々さえ、その本質を見抜けなかっただけのことである。

そのためか、アメリカから強い要求を突き付けられると、日本人は決まって、すぐオタオタしてしまう。

オタオタしなかったのは角栄だけ。

角栄は、経済を知る男であった。アメリカを知る男であった。

日米経済の役《えき》における武勇伝。次に、この物語を談じよう。

一九七一年、八月十五日。

この日は、一九四五年八月十五日とならんで、世界史、なかんずく、日本史に特筆大書すべき日である。写真をそえ、挿絵を入れ、押し花をはさみ、魚拓をはさんでも、忘れるべからざる頁である。

この日、アメリカ帝国《パクス・アメリカーナ》は終焉した。あるいは、もう少し穏やかに、アメリカによる世界支配の「終わり」の始まりとでも言うべきか。

この日、第二次日米戦争が勃発した。

二回目の「八月の大砲《ガン・オヴ・オウガスト》」であったと、後世の歴史家は評することだろう。

この日、ニクソン大統領は、「新経済政策」を発表した。

その目玉は、金とドルとの交換の停止、貿易制限、外国への経済的介入……などであった。電撃によるようなショックが世界中を走った。ニクソン・ショックだ。日本人には、ニクソン・ショックの本質が分からなかった。

その日本人すら、ニクソン・ショックで、手足が痺《しび》れ、目が眩《くら》んだ。貿易立国を国策としている日本である。貿易制限なんかされた日にはどうすりゃいいんだ。

と叫んで気絶した人が五万人。消防署には救急車がいなくなった。

日本人は、ニクソン・ショックの中で貿易制限を重大視した。が、敵は本能寺。どうせ目をまわすなら、「金とドルとの交換停止」を聞いて目をまわすべきであった。

ではなぜ、アメリカがドルと金との交換を停止すると、アメリカ帝国《パクス・アメリカーナ》が滅亡するのか。

それは、世界経済の絡繰《からく》りが左のように仕組まれていたからであった。

その絡繰りとは、アメリカを軸とする自由経済。ここに、「自由」とは、主として、自由貿易と自由資本移動のことを言う。

アメリカ経済の全盛時代に

話はさかのぼる。

一九四五年、第二次大戦後の世界経済をいかにすべきか。ブレトン・ウッズにおいて、英国代表のケインズと、アメリカ代表のスミスとが相談した。

自由貿易に復帰したい。これは当然の願い。第二次世界大戦の原因、数々あれど、わけても重大なものの一つが、オタワ協定。一九三二年七月、オタワ協定によって、自由貿易主義のチャンピオン英国は、保護貿易主義図に転向した。この転向によって、大英帝国《パクス・ブリタニカ》（英国の世界支配）は終焉し、ボンドは基軸通貨であることをやめた。

不況は、ますます暴威を振るうようになった。一九二九年ウォール街に端を発し、ヨーロッパに飛び火した不況は、拍車をかけられた馬みたいに、そのギャロップは加速化された。

巷には失業者があふれた。食物の施し《チャリティ》を得ようと、失業者の長い行列が作られた。オタワ協定から半年後の一九三三年一月三十日。ヒットラーは天下を取った。

アメリカもイギリスも、過《あやま》ちを貳《ふたた》びするつもりはなかった。

自由貿易。できる限り、資本移動も自由。

ここまでは、スンナリと決まった。

次に、貿易の決済をするための基軸通貨を何にするか。

この問題をめぐって、スミスとケインズが激突した。

ポンドはすでに基軸通貨を退位している。それに、英国経済に昔日の力はない。

アメリカ代表のスミスは、それじゃ、ドルにすりゃいいじゃないかと言った。

これに英国代表ケインズは反対した。

一国の国内通貨たるドルを貿易決済のための基軸通貨にするのは、どだい無理だ。アメリカ貨幣当局すら制御出来ないドルが世界中に遍在するようになったら、アメリカはどうするつもりなんだ。アメリカ経済が圧倒的に強大なうちはまだいい。アメリカ経済の力が弱くなった時に矛盾（国内通貨が国際通貨でもあることの矛盾）が露呈してきたら、アメリカも世界も大変なことになる。

いかにも、当時のアメリカ経済は圧倒的であった。工業生産は、世界の五〇パーセント以上であった。

当時、西ヨーロッパ諸国もソ連も、アジア諸国も、戦争でヘトヘトになり、経済はクタクタになっていた。

アメリカは、大戦を契機により強大になり、経済は、戦後短期の調整不況の時においてすら、空前の規模を誇っていた。

アメリカが、かくも強大だと、アメリカ代表の発言権も強大となる。

世界最大の経済学者ケインズ、経済洞察の天才ケインズも、孺子《じゅし》（青二才）スミスに押し切られてしまった。

ケインズの予言は、旧約聖書における預言者の預言のごとく、時の経過とともに、一つひとつ実現されてゆく。

ケインズは、スミスとの討論の中で、こうもコメントした。ドルが強すぎるとドル不足が起こり、ドルが弱すぎるとドル危機になる。

ドルは、強くてもいけない弱くてもいけない。利口でもいけない馬鹿でもいけない。何だかヤクザみたいではないか。

そのヤクザなドルが、今やヒーヒー言っているのだが、ドルの全盛時代にも、ケインズの予言は的中して、ドルは尻尾をふまれて、いささかギャアと鳴いたのであった。

一九五〇年代、一九六〇年代はアメリカ経済の黄金時代。西欧諸国はマーシャル・プランで、日本はガリオア資金と朝鮮特需で、メキメキと復興をとげてはいた。しかも、これらの先進国の

ジョン・メイナード・ケインズ（一八八三〜一九四六）イギリスの経済学者。二〇世紀における最重要人物の一人であり、経済学者の代表的存在である。有効需要に基いてマクロ経済学を確立させた。

経済さえも、まだ、アメリカ経済とは、かなりの、あるいは、ある程度の軒輊《けんち》（差）があった。先進国経済すらかくのごとし、いわんや、その他の国々の経済においてをや。

アメリカ経済力の全盛時代。

さっそく、ドル不足問題が起きてきた。経済力も信用も弱くて、綜合赤字が続き、みるみるドルが吸いとられて、国際経済で生きてゆけない国々が続出したのであった。

アメリカも困った。なんとかしなければならない。

アメリカは、トリフィン・プランを発動させて、ドル不足問題に対処しようとした。

このトリフィン・プラン。ブレトン・ウッズにおけるケインズの問題意識を継承するものである。

ブレトン・ウッズ体制の要諦《ようたい》を一言で覆《おお》うと左のようになる。

世界経済を人体とするとアメリカは心臓である。ドルが血液。アメリカの輸出やアメリカの海外投資などのルートが動脈である。アメリカの輸入（つまり、アメリカへの輸出）やアメリカへの投資（アメリカの資本勘定《キャピタル・アカウント》における——借方《デッド》つまり赤字方向へのヴェクトル）が静脈である。

こう考えてくると、アメリカという心臓が弱ったら世界経済も弱る。アメリカが重い病気にかかったら、これは一大事。アイゼンハワー元大統領は心臓病で死んだが、世界経済も心臓病で死ぬかもしれない。

これは、一つの比喩《ひゆ》ではあるが、ものごとのエッセンスをつかまれたことと想う。

ニクソンは銃を日本に向けた

アメリカ経済が十分強いうちは、ドルに対する信用は絶大。連帯保証人なんか必要ではない。必要でないからこそ、ドルは金《きん》を連帯保証人に立ててきた。金も、喜んで、すすんで連帯保証人を引き受けてきた。保証人なんか必要としない学生の保証人は誰でも引き受けてくれるが、保証人がいないと就職出来ない非行学生の保証人には誰もならない。こんなものだと思うとよい。

戦後、アメリカ経済は、空前の繁栄を享受してきた。アメリカ産業の国際競争力も、抜群に強かった。ゆえに、ドルには不抜の信用があり、ドルは基軸通貨としての役目を立派につとめてきた。国際決済のために用いられ、金の援けを借りる必要もなかった。

ところが、星霜うつり歳かわり、アメリカ経済の足腰は、めっきり弱くなった。

不況で失業も多いのに、インフレが昂進する。エコノミストが、これだけはクワバラ、クワバラとふるえあがるスタグフレーションという悪疾《しつ》なのだ。結核と糖尿病と、いっぺんにかかったようなものだと思うとよい。結核と糖尿病とでは治療法が正反対だから、一方を治そうとすると他方は悪化する。両方いっぺんに治す方法はない。となると、死に至る病気だということではエイズも同じこと。

ニクソン時代のアメリカは、すでにエイズに冒されていたというべきか。

あれやこれやと出揃った理由によって、ドルは猛然と売りに出された。昨日までは、通貨の王様として栄華を誇ってきたドルも、今日は「ワタシャ売られてゆくわいな」と不幸を託《かこ》つ身。父さん母さんじゃなかった、憎損《にくそん》さんお達者でね。

ニクソン大統領は、早撃ちコナリーという西部で鍛えた男を財務長官に任命した。おまえの銃口を日本へ向けろ。日本こそ、アメリカ経済を不如意にした元兇だ。

アメリカがベトナム戦争で七転八倒しているのに、日本は少しも助けてくれない。日本は、ベトナム特需に霑《うるお》って、鼓腹撃壌《こふくげきじょう》しているではないか。アメリカが防衛を肩がわりしてやっているおかげで、今や歴とした大国なのに、少しも国際的義務を果たそうとはしない。

ニクソン・ショックは、主として日本に向けられたものであった。

ニクソン・ショックの目玉「金とドルとの交換をやめる」ことにしたらどうなる。ブレトン・ウッズ体制の柱たる固定為替相場制は、一挙にくずれ去る。各国の通貨は、変動為替相場で決められた比率で交換されることになる。固定為替相場だと、一ドル三六〇円で動かない。変動為替相場だと、こうはゆかない。一ドルは、昨日は一〇〇円今日は四〇〇円。明日をも知れぬ波枕《なみまくら》。流れ流れてどこで死ぬやら果てるやら。ワタシャ知らない、相場に聞いとくれ。

固定相場がカタギなら、変動相場が流れのヤクザだというわけでもあるまいが、変動相場は水物。為替相場が変動するとなると、貿易業も、金融業も、みんな水商売になってくる。なんで、そんなことをニクソンが企《たく》むのか。

ニクソンの胆《はら》は、円の切り上げ、円高にあった。

しかし、固定為替相場のもとで日本に円高を要求したとて、日本が聞くわけがない。日本は、いつの時でも、朝野こぞって円高アレルギー。役人も業者も、円高と聞いただけでも、鳥肌が立つのだ。

当時の日本は、まだ円高を体験していなかったから、円高ワクチンは開発されていなかった。円高と聞いただけでパニックが起きても無理はない。

一ドル三六〇円の為替レートが決まったのは昭和二十四年であった。戦後はまだ終わっていなかった。進駐軍は日本を軍事占領していた。全国いたるところに、焼《や》け跡《あと》が見出された。朝鮮戦争（韓国動乱）は始まっていなかった。アメリカは、日本を四等国のまま、放置するつもりであった。B29の猛爆で烏有《うゆう》に帰した工場で働きたい人々は、四等国まで復興すれば夢のような話であると言っていた。

まだ、まだ、まだ、そして、もういくつもまだ。一ドル三六〇円は、そんな時に決められた為替レートであった。

当時として一ドル三六〇円の為替レートは、目がくらんでも足りないほどの円高であった。一ドル三六〇円の為替レートでは、輸出が出来ない。せめて、一ドル五〇〇円か六〇〇円にしてくれないか。そうでないことには、輸出依存の日本経済は破綻するに違いあるまいという声が強かった。

でも、昭和二十四年は軍事占領下、これと決めたら、日本人の泣き言なんか聞いてくれない。また、この時、総司令部の招きに応じて、デトロイトの銀行家ドッジが来日して、きびしい引き締め政策を助言した。

ドッジの助言は総司令部の命令。否《いや》も応《おう》もなかった。

吉田内閣の池田蔵相は、忠実にドッジ・ラインを守った。とは言っても池田は、何も嫌々引き締め政策を遂行したのではなかった。インフレで水脹《みずぶく》れになった日本経済を治療するためには、ドッジ・ラインを守るしかないと確信していた。

円高と引き締め政策と。

不況の嵐は、全国に吹き荒れた。

大不況においては、特に中小企業が弱い。中小企業経営者は、押すな押すなと自殺した。

一ドル三六〇円とは、こんな時に決められた為替レートであった。

その一ドル三六〇円は、何と、四半世紀も続いたのであった。

二十五年も経てば、世の中変わる。

ましてや、これは、史上空前の激動期。

まして、昭和三十五年からはじまった高度成長は、革命も戦争も及ばないほど日本を変えてしまった。日本は、何千年かけても足りないほどの変化をとげた。経済も奇蹟的躍進をとげた。昭和三十五年にはまだ経済小国であった日本は、十年後には、押しも押されもせぬ経済大国。

それでいて、日本人の意識も為替レートも、二十五年以前の、ようとした太古のまま。

官僚も経営者も、一ドル三六〇円を動かしがたい天然所与のものだと感ずるようになっていた。日本人の意識は未だに伝統主義的だから、二十五年も続くと、一ドル三六〇円の為替レートは、トーテム・ポールのごときカリスマ性をおびてくる。神聖なものであって、これに触れることを許されない。

角栄自身強大なカリスマを持っているから、為替レートのカリスマの正体が見破られないはずがない。

一ドル三六〇円の為替レートは、経済大国日本の通貨たる円としては安すぎることに気付くの

ドッジ・ライン　占領下の一九四九年に日本経済の自立と安定のため実施された財政金融引き締め政策。ＧＨＱ経済顧問として訪日したデトロイト銀行頭取のジョゼフ・ドッジ（一八九〇～一九六四）が立案、勧告。

に時間を要しなかった。大人《おとな》が産衣《うぶぎ》を着て往来を闊歩《かっぽ》しているようなものではないか。早く何とかしないと、日本は外国から相手にされなくなってしまう。

為替レートのカリスマは、燦然《さんぜん》たる光を放つようになった。

この為替レートを変えろなんて主張することは、日本社会で醸成された空気《ニューマ》が許さない。精神異常者か国賊扱いにされてしまう。

真の愛国者は、国賊扱いをされることを恐れない。

プルターク英雄伝ならそれでいい恰好《かっこ》できるかもしれないが、そんなことを言うだけでは仕事が出来ない。マックス・ウェーバーは、政治家の責任は結果責任であると喝破した。角栄は、ウェーバーなんか読んでいなかったろうが、政治家における責任ということの意味をよく理解していた。

日米繊維紛争もまた同じ。

繊維をめぐっての日米紛争は、一九六九年から一九七一年にいたるまで、もつれにもつれ、からみにからんで、どうにも解きほどけない。

これを見ていたリチャード・ニクソン。

有権者の支持と名声を得ることためには何でもする男。ニクソンは有能な政治家だが、何の因果か選挙に弱い。

難航する日米繊維紛争をみて、これだ、と飛び上がった。

一つこの難問をワシが解決してやろう。選挙で票になること請《う》け合いだ。

日本とは違ってアメリカの繊維業者は、数カ所にかたまらないで、全国にちらばっている。つまり、どこにでも居るのだ。

こうなると、その政治勢力たるや、人数の何倍にも比例して大きい。

ニクソンは、一九六八年の大統領選挙で、繊維問題を解決すると公約した。

では、いかにして。

ニクソンは、スタンズ商務長官を日本に派遣して、大平通産大臣と交渉させた。

スタンズの態度は高圧的であった。

繊維製品の対米輸出を自主規制せよ。

さもなくんば、アメリカは、輸入規制をするゾ、と言って大平（正芳）通産相におどしをかけた。

これが、アメリカの対日要求の定石。

マックス・ウェーバー（一八六四～一九二〇）ドイツの社会学者・経済学者。「プロテスタンティズムの倫理と資本主義の精神」の中で、西洋近代の資本主義を発展させた原動力は、主としてカルヴィニズムにおける宗教倫理から生み出された世俗内禁欲と生活合理化であるとし、大きな反響と論争を引き起こす。

大概の日本役人は、猛犬アメリカに吠えられると、子犬のごとく、たちまち尻尾を巻いてキャンキャン。

この時、ぐっと睨《にら》み返し、相手の喉《のど》にかみついて、むこうにもキャンキャン言わせるのが、田中角栄。

角栄こそ世界第一流の政治家

大平通産大臣ものちに首相に成る人物だけあって、キャンとも言わず、スタンズ商務長官の言い分を反論した。

スタンズ長官。アメリカの商務長官に反論する不届きなやつが居るべきことかと、茹《ゆ》で蛸《だこ》のようにまっ赤になって、再反論を加える。

しかし、ニクソンには切り札があった。

沖縄問題であった。

佐藤栄作首相は、沖縄が返ってくるまでは戦後は終わっていないというのが持論であった。沖縄返還に生命を賭けるとも宣言した。

ここが、ニクソンのつけいりどころ。

何といっても沖縄は、米軍が血を流し、激戦のすえに占領した土地である。かかる土地を返還した例、古今東西の歴史を通じて、滅多にあることではない。絶対にないとは言えないまでも、ほとんど絶対にない。

かくも曠古《こうこ》（今まで例のないこと）の好意を示してやるのだから、日本もアメリカの無理難題を聞いてくれてもよいではないか。繊維問題を何とかしてくれと言ったとか。

一九六九年十一月十九日から二十一日まで、ワシントンのホワイトハウスにおける佐藤・ニクソン会談で、ニクソンは佐藤にこう要求したとか。

長い間、このように信じられてきた。佐藤首相が、「縄を買って糸を売った」と評されてきた。「糸を売った」と聞いて、繊維業者は、佐藤首相を殺してやると息まいた。佐藤首相の帰国は、ポーツマス条約を調印してきた小村寿太郎のごとく迎えられた。

ニクソンは、佐藤栄作はアンフェアだと、原子炉のごとく怒った。

新たな日米摩擦の火種。

佐藤首相は宮沢通産大臣に解決させようとした。

英語と経済に強いはずの宮沢喜一も、いかんともしがたかった。なにしろ、三年にもわたってくすぶり続けた火である。そこへ、ニクソンの烈火の怒りがそそぎ込まれた。誰にもいかんともしがたいと思われた。

そこへ出てきた田中角栄。

日本の業者に根回しをし、ニクソンをなだめて、その怒りを解いた。

ニクソンは、角栄こそ世界第一流の大政治家であると言った。

角栄は、繊維紛争の大成功を後光として、スミソニアンに飛んだ。

角栄は、一ドル三六〇円の円を、一挙に、一ドル三〇八円に切り上げた。

諸外国は日本を見直した。

役人や経営者の予測とは正反対に、円高で日本経済は圧しつぶされることなく、隆々と栄えた。

今、中曽根政権は、〝円高〟〝売上税〟で大混乱。この時期に田中角栄健在ならば……と思うのはただ一人、筆者ばかりではあるまい。

第7章

さらば！田中角栄 天才政治家が戦後 日本政治に残した功罪

早坂茂三氏（政治評論家）との対談。1989年の10月に田中角栄の引退が発表された（翌1990年の総選挙に不出馬）。かつて田中の秘書だった早坂茂三氏との対談は三時間余にわたった。それほどに天才・田中角栄の引退は惜しむべき“事件”だった。

1989（平成元）年 月刊宝石（光文社）12月号掲載

角栄は信長的政治家だった

早板　小室さんに、うちの親方と週刊誌の対談をしてもらったのは、何年前になるかな。

小室　ずいぶん前ですね。

早坂　あれはまだ総理になる前、幹事長の時だ。あなたがしゃべろうとしても、「いいから、いいから」といって、口を押えられると、僕は事前に注意した。

小室　そうして、一人でベラベラ、しゃべるわ、しゃべるわ。

早坂　小室さんが七面鳥のように赤くなったり青くなったりしてね（笑）。あれが最初で最後じゃなかったかな。

小室　いや、ロッキード事件が起きてから、僕が『田中角栄の呪い』と『田中角栄の大反撃』の二冊を書いたでしょう。

あれを読んだ角栄氏が、渡部恒三を間に立てて、ぜひ会いたいと言われて、その時会いましたよ。大歓迎してくれました。その時の最初の言葉が面白い。「この本は何の参考書も見ないで、一気に書いただろう」と言われた。まさにそうだった。

早坂　小室さん、その角栄さんも引退した。十月十四日。

小室　残念ですね。

早坂　角栄が倒れて、もう四年七カ月になります。それでも新聞の一面を飾り、翌日の朝刊は全部その後追いをやった。日本の政治から姿を消しているのに、マスコミがあれだけ大量の予定稿を、大河の勢いで紙面に流した。そのへんはさすがに角栄だと思ったね。

小室　功罪ともに、政治家角栄に対する関心は、圧倒的に大きいということだ。

早坂　マスコミは、地元利益の還元とか金権政治とか、派閥政治とかいう『罪』のほうに、圧倒的なウエイトをかけて報じたね。マスコミは建て前派だからしようがない。しかし、木を見て森を見ない見方でしょう。僕は今日その誤りを指摘するためにきた。

早坂茂三　1930年北海道函館市生まれ。早稲田大学卒業後、東京タイムズ社入社。政治部記者時代に田中角栄と出会い、その後23年間、秘書として勇名を馳せた。田中の病気療養を境に、フリーの政治評論家として活躍。2004年逝去

小室　戦後の日本は角栄が作ったといっていい。角栄研究こそ、現代日本理解の鍵である。それなのにマスコミたるや。評論家も学者も、言うことたるやメチャクチャもいいところ。角栄論のポイントに一言も言及していない。まあ、何ということか。

早坂　角さんというのは〝今太閤〟といわ

れた。小室さんはどう思われますか。

彼は本質的には信長的な政治家であった。田中を秀吉と見るのは俗説だと思うんだけど。


小室　そう、信長ですね。決断力。旧来の因習を断固として打破する。そして、何人も思いも及ばない独創的なものを作る。角栄こそ、まさに信長です。

それに、欠点もまた信長的です。政治家にとって一番大事なのは、言ってみれば参謀でしょう。助言を求めること。秀吉ほど頭のいい人でも、竹中半兵衛や黒田官兵衛を参謀にした。

ところが信長にはそれがいない。そこに致命的欠陥があった。

早坂　今あなたは、秀吉には半兵衛もいた、官兵衛もいた、けれども信長にはいなかったと言われた。それは、いられなかった。あるいは、いる必要を認めなかった。我は全知全能とは思っていないけれども、強烈な自負心、すさまじい自信があるわけだ。だから、信長は参謀を無視した。田中は叩きあげの創業者、オーナーでね。何もかも自分でやってきた。実績もある。自信のかたまりだ。エピゴーネンたちのステロタイプの話は、まどろっこしくて聞いていられないんだ。生理的にね。親方だって、二階堂（進）さんだとか小沢辰（男）ちゃん、金丸（信）、竹下（登）ご両人の話は聞くさ。しかし、それはね、自分の考えていることに万端誤りはない。それでももしかしたら、どこかに蟻《あり》の一穴があるかもしれない。それを確認するために聞くんだ。しかしほとんど聞いていない。

小室　「列島改造」にせよ、ロッキード裁判にせよ、よい参謀がいたら必ず救われた。それに、組閣早々、まだ何もしてないうちに小選挙区法案を出すなんて。まさに、殿ご乱心。誰もいさめる者がいない。過剰流動性で余ったお金がうなっているのに超大型予算を組んだ時にも。だから、高ころびにこけてしまった。

早坂　今は信長ブームだね。なぜ、ああいうものが求められているのか。信長に見られるオリジナルアイデア、雄大な構想力、それに決断と実行、そうした強烈な個性に大衆が漠然と惹かれているからでしょう。今は政治家にしても民間にしても、偏差値秀才というか、チマチマした軽薄才子でごった返している。お利口さんで、泥をかぶらない。他人の痛みをわからない人間が多い。大衆はそういう風景ばかり見てウンザリしているんだ。鬱屈《うっくつ》している。だから英雄待望みたいな気分が世間にあるんじゃないか。それが信長的な頭領を求める背景だろう。

小室　秀吉も偉大なる天才だけど、信長の忠実な弟子、いってみたら、みんな信長の猿マネ。

早坂　信長は中世の暗黒を切り開いて、近世の黎明《れいめい》を呼びこんだ。天下統一を目指した。そして、統一国家の土台を築き上げた。それを秀吉が引き継ぎ、家康が総仕上げをやった。

その信長は京を目の前にして明智光秀に殺された。そうした一代の風雲児という点も魅力なんでしょう。

小室　角栄も風雲児だった。確かにいろんな意味で似ていますね。

信長という人間は、それまで日本人の絶対やらなかったことをやった。信長が出てくる前と後で最も違う点は、日本にストラティフィケーション（階層）がなくなったことです。それまでは家柄がよくない人間は、上に上がっていけなかった。戦国時代は下克上なんていいますけれども、そういう空気を徹底させ、根本から日本国民を完全に平等にした。日本の近代化は信長から始まる。

早坂 僕が一番鮮烈な印象を持っているのは長篠《ながしの》の戦いだね。信長は堺の商人から鉄砲を大量に買い入れ、足軽から侍までも全部、鉄砲集団に切りかえた。つまり、侍を個人プレーではなくて、集団で鉄砲操作のできる近代的な戦闘集団に再編成した。これは前人未到のオリジナルアイデアだった。そして信玄子飼いの武田の騎馬軍団を殲滅《せんめつ》したんだね。

小室 日本に近代的なプロの軍隊を作ったのは信長。クロムウェル（イングランドの政治家、軍人）並み。武田氏を含めて、それまでは農民が農閑期に武士になって戦争をしていたんだから。

早坂 田中が一番力を持っていた時、世間は田中派を〝田中軍団〟といった。それはどういうことだろう。信長における鉄砲は、田中においてはカネであった。それから、信長における足軽、侍集団は、田中にとっては政治家であった。そして彼は侍集団と鉄砲を十分に用意して、ほかのボスとの戦いにダントツの力を持ち、目的に向かって一気に突っ走っていった。つまり、そういうタイプの政治家というのは、戦後の日本政治で田中が最初であった。そして、おそらく最後になるだろうね。

小室　おそらくそうでしょう。だから金権政治といっても、金をばらまいただけではないというところに急所がある。金は、角栄の子分になりますというさかずき。さかずきがわりの証《あか》し。

天才的な役人操縦術

小室　ところで、今の早坂さんの話をもうちょっと敷衍《ふえん》しますと、鉄砲がカネであり、足軽、侍が政治家。

早坂　国民の代表だから、足軽じゃ気の毒だ。侍にしましょう（笑）。

小室　そのほかに、僕が言った兵農分離に当たるものによって。日本の社会は完全に変わっちゃったわけでしょう。それに該当するのは、法律を作って官僚を制御する技術。これはすごいですね。信長の兵農分離に匹敵する独創です。それまで、そんなことをやろうと思った人はいなかったし、やろうと思っても出来っこなかった。

早坂　田中は役人操縦術の大家、あるいは家元と言われた。日本の政治は中央政府も地方政治も、よくも悪くも役人の協力がなければ、一メートルも十センチも前進しないんだ。これが現実の姿です。

小室　だから、角栄の場合には一面においては、日本の政治は役人にことごとく独占されているということを、徹底的に理解した上で、その役人を操縦するためには、いかにすべきかということを発見した。この点も信長式ですね。

早坂　彼は役人をよく知っていたんだ。自分が組む相手がどういう属性を持っているか。このメリット、デメリットは何か。役人をどう使っていけば、給料の十倍も五十倍も働くか。どうすれば裏切らないか。これをよく知っていれば、役人の力をフルに引き出すことが出来る。これが、頭領の器というものでしょう。角栄さんは「役人は生きたコンピューターだ」と僕に言った。役人には、はっきりした方向を示して、ガイドラインを正確に与えてやることだ。インプットする情報、数字、ファクトが間違っていなければ、コンピューターは正確に機能して、何万人分もの能力を一瞬のうちにやってのける。こう言ったね。

小室　コンピューターは、何もインプットしなかったら動かない。誤ったデータをインプットしたら、とんでもない結果を出すし、プログラムを間違ったらとんでもないことになる。

人間コンピューターたる役人も同じこと。世界に冠たる日本官僚も、角栄のごとき政治家の指導があってはじめて、絶大な威力を発揮しうる。誤導したら一大事。きわめて有効に日本を破局へと導く。戦前の官僚のごとし。

早坂　彼は役人、日本官僚、世界に冠たる霞が関のドブネズミ集団の優秀性も限界もよく知っていたんだね。
彼はこう言っていた。つまり、役人は明治維新の太政官布告以来の日本の国家経営、国家統治のあらゆるノーハウ、情報、数字を年代別、問題別、項目別にきちんと整理して、これを保管し、あるいは脳髄のひだに焼きつけていると。

小室　まさしくコンピューターだ。

早坂　しかも、彼が言うのには、役人は自分の目線の高さでしか発想出来ない。
鳥瞰的というか、鳥になって空を飛んで、上から下を見る。そういう発想が出来ない。つまり、役人の発想は目の前にある現行の法体系の枠から抜け出ることが出来ない。しかし、現実は絶え間なく動いている。変化している。そして、今の法体系がそれに全然適合しなくなってきている。にもかかわらず、これを状況に合わせて、あるいは先取りして改廃する、新規立法する、そういうダイナミックスは官僚制度の中からは生まれない。こういう指摘も僕にしたんだ。

小室　角栄というのは議員立法の名人なんです。普通の議員ではそんなことは出来ない。一つにはやる気もないし、もっと根本的には、能力もない。議員立法なんかしようとすると、たいがい失敗してしまう。その理由は簡単明瞭であって、役人の使い方がわからないからだ。
今、日本で法案を作る場合には……アメリカの場合ですと、矛盾する法律を作ったっていい。矛盾する法律を作って、問題が起きたら、裁判所がそれを何とかする。しかし、日本の裁判所はそんなことはしないでしょう。だから、各省庁が矛盾しないようにアジャストメントをしないといけない。

だから、法律なんていうものは、完全に役人に牛耳られているけれども、角栄はそういうことを理解していましたから逆に役人をコンピューターとして、自由に駆使して法案を通すんだ。

早坂　政治の現状を見ていると、自民党国会議員の場合、二代目、三代目が四二パーセントを超えた（1989年当時）。今、政治改革と言っていますね。それで、おためごかしの偽善的な公職選挙法一部改正案だとか、政治資金規正法の改正案だとかが国会に出されている。

しかしね、こんなものはお笑いだ。矛盾の解決にならない。カネと政治の悪循環を断つということであれは、現行の中選挙区制度をやめて、小選挙区制に比例代表制をプラスして、選挙制度を改めることだ。政党法を制定してね。これしかない。けれども、こうした改正は実施までに五年も十年もかかるでしょう。その間は現行の中選挙区制が続くわけだ。そうすると、結論から言えば、政治家の二代目、三代目、四代目しか代議士にはなれない。ほかの人には地盤、鞄、看板がないからね。からっけつの徒手空拳では、いかに志の高い青年が政治家になりたいといってみても、しょせん蟷螂《とうろう》の斧《おの》、ドン・キホーテです。

そうすると、あと七、八年もたてば、二代目、三代目、四代目が自民党代議士の七割、八割を超える。国権の最高機関は徳川幕藩体制の頃、世襲の領主たちが次々と江戸城に登城してきた絵柄と同じになる。間違いなく、そうなるね。

小室　その場合、役人の使用能力、制御能力がなくなる。

早坂　そういうことだね。つまり、二代目、三代目というのは、みんな大卒です。それなりに英語は知っているし、読める。それから、ある程度しゃべれる。予算書も読解することが出来る。自分の専門分野のことであれば、法案のドラフトも役人たちと一緒に鉛筆なめなめ、多少は書くことが出来る。しかし、そこまでだ。

小室　そこから先、役人をコンピューターとして駆使する能力はない。

早坂　ということだね。駆使出来るのが出てくるかどうか……。

マスコミは今、金権政治、イコール田中政治だと言ってる。派閥政治の悪しき権化イコール田中政治だと指摘している。同じ口調でね。

現状を見れば、確かに政治の表にも裏にも、カネがうなりを上げて動いています。そこで行動している政治家、特に選挙の弱い政治家の頭の九割は政治資金、選挙資金をどのように用意するかで占められている。自民党の場合、他派閥のライバルと、一升ますの中の米粒の取り合いをやるわけだからね。相手をどうやって蹴落として、自分がはい上がるか。それしか頭にない。いい、悪いは別ですよ。僕は実態を言っている。

そこで一番問題なのがミニ角栄の輩出でしょう。つまり、カネが鉄砲であり、カネが弾丸である。そういう一面からだけデフォルメされたミニ角栄が、今、自民党内でぞろぞろ動き回っている。斉天大聖《せいてんたいせい》孫悟空が自分の毛を一本抜いて、フッと吹いたらミニ孫悟空が無数に出てきた。漫画を描けば、そういうことになるんだね。

ただ、角栄は、鉄砲と侍を大量に用意して、国際社会で日本が平和に生きる道を探し、国内では都市と農村が共存共栄できる方策の実行に全力投球した。その志と雄大な国家経営の構想力、それを実現させるための具体的なアプローチがあった。

これらがミニ角栄には完全に欠落している。そこが本物とミニの決定的な違いでしょう。そのティピカルなものが、角栄の議員立法だと思っているんです。

無名時代に築いた議員立法

小室 ミニ角栄じゃない。ニセ角栄だ。インチキ角栄、デタラメ角栄だ。似而《えせ》角栄ですらない。本物にちっとも似ちゃいないから。ミニでも何でも、「角栄」への突破口は、議員立法が出来るかどうか。そこにあるんです。ところが、そのような訓練を二代目、三代目、四代目の議員たちはしていないわけでしょう。

早坂 僕が一番興味を惹かれるのは角栄が政治に出てきた時期です。昭和二十二年四月。敗戦直後で、国土はまだ焼け野原だ。みんな食うものもない。工場から煙は出ていない。働く場所もない。

国民はヒエや芋のずいきの干したヤツを食っていた。そんな時期に二十八歳の青年角栄が政治の世界に出てくる。そして三十二年五月に郵政大臣になった。岸内閣の時です。三十九歳だった。その前の十年間は、いわば無名の十年だ。その無名の十年の時に角栄は何をしたか。議員立法に専念したんです。議員立法については、彼が提案者となって、陽の目を見た法律は、四十二年間の政治生活の中で三十三法。

小室　これは大変な数だ。まだその記録は破られていない。いや、遠く及ばない。今や、議員立法なんかほとんどない。特に参議院における議員立法。まず、不可能。

早坂　そして、彼が部分的、あるいは全体をコミットした議員立法を含めれば七十二法です。たとえば「電源開発促進法」だとか、今の「公営住宅法」、大正十三年制定の道路三法の改正、ガソリン税を目的税にして道路整備に充てた。

田中の立法は、新潟県というエリアに限定したものではなくて、敗戦に打ちひしがれた日本が、立ち上がっていくため、復興していくために、ぜひとも必要な全国家的な視野と現実に立った法律だった。そのへんが凡百の政治家と違ったところでしょう。

しかも、角栄が議員立法に汗まみれだったのは、アメリカ占領軍が超法規的な権力として、日本全土に君臨していた時期です。その中で議員立法を成し遂げるというのは、今では想像も出来ないような重圧があった。これと戦いながら、あるいは迂回し、なだめすかしながら、次々と立法していった苦労は並み大抵ではなかったと思いますよ。

小室　それればかりではない。吉田茂内閣の時、アメリカから朝鮮出兵のため再軍備と憲法改正を強要されたでしょう。

しかし、吉田ははねつけた。それを強烈に支持したのが田中角栄だった。占領軍が「けしからん!」と言えば、あっという間に死刑にされてしまう。再軍備も憲法改正も、体を張って反対したのが吉田茂と田中角栄だ。そういうことは日本のマスコミも学者も、誰も言っていないでしょう。

早坂　僕はあの頃、まだ二十歳の早稲田の学生だった。赤旗を振ってた。しかし、僕ごときがいかにキャンキャンほえたところで、ダレスやワシントンは痛くもかゆくもなかった。

ところが、僕の知らない政治の奥の院で吉田および吉田の率いる自由党が、再軍備と憲法改正に頑《がん》として抵抗してたんだね。今、考えてみれば、「親の心子知らず」というところでしょう。親のほうがはるかに孤独で激烈な戦いをやっていたんだ。僕は今、それをしみじみと思い返している。

小室　思い返すのもいいけれども、いまだに悟らない人が多すぎるね。

早坂　小室さん、話を役人、官僚のところにもどしましょう。田中がロッキードでやられた後も、役人たちは注意深くマスコミの目を避けながら、ふろしき包みに書類を山ほど入れて、目白や平河町の田中事務所に来ましたよ。彼の知恵と力を借りるためにね。角栄は役人の話を聞き、自分は鳥の目になって上からすべてを見た。そして、入口はここだ、出口はあそこだ、とアイデアを出し、知恵を提供した。それで厄介な問題が片づいた。それを役人は多としたからこそ、あの危ない橋を渡って田中詣でを続けたんだね。

そして、僕が田中は並みの政治家と一味違うなと思ったのは、そうした役人、官僚の属性を、あるがままに、リアルに理解していた点です。つまり、役人もまた生きた人間であるということを知っていたんだね。みんな偉くなりたい。局長になりたい。次官になりたい。そして功成り名遂げた後は、いいところに天下りしたい。

小室　それだけが役人の楽しみなんだ。

早坂　そこのところを過不足なく見ていた。だから、役に立った役人の骨まで拾った。そして役人たちは田中の前に行列を作ったんだね。

それにしても角栄は役人の入省年次をよく記憶していた。外交官試験や国家公務員上級試験にパスした順番、序列まで知ってた。だから役人の人事を間違わなかった。下手な口出しをしなかった。ここが役人を使いこなすツボなんだ。

小室　普通の人は理解しないだけ。
早坂　役人の内部規約、外に出せないルールを知っていた。だから、無思慮無分別な人事をしなかった。
小室　自由人である角栄が、どうしてそこまで官僚を理解していたか。
早坂　それはやっぱり無名の十年で成し遂げた議員立法でしょう。その間、親方はたくさんの役人とつきあい、イヤというほど彼らを見てきたからね。

田中政治の〝罪〟とは何か？

小室　日本の官僚は行政権を独占しているだけじゃない。立法権も独占している。役人が法案を作るんだから。司法権もまた役人が独占している。法律は、裁判所と関係なしに、役人が勝手に解釈してしまう。ケロリンコと。

これじゃ、日本は、主権在民でなくて、主権在役人だ。

その役人から主権を取りもどしたのが、国民にえらばれた代議士角栄。

角栄こそ、デモクラシーの総本山。

早坂　マスコミは田中角栄が利益誘導型の政治を行ない、派閥政治を完成させたという。政治にカネがかかり過ぎる。この極限状況を作りだしたのは角栄だといってる。日中国交正常化、ブレジネフ相手に北方四島問題は戦後なお未解決の懸案だと確認させた。それに「日本列島改造論」――この功績は認める。しかし、罪のほうが圧倒的に重い。これがマスコミの角栄評価だ。本当にそうだろうか。

小室　それはそうじゃないに決まっている。金権政治なんて言ったって、金権政治じゃない政治がどこにありますか。

ここで大事なことは、一つは金権政治だからといったって、賄賂が必ずしも国家の害になるとは限らない。一番いい例は、英国のサー・ロバート・ウォルポール。彼の時代は賄賂が横行したが、外においてはフランスをやっつけて、大英帝国の世界制覇を築き、内においては近代立憲政治が出来たでしょう。

サー・ロバート・ウォルポールは、何のために賄賂を取るのかといったら、代議士をパッと買収するため。それじゃ、何のために代議士を買収するのかと言うと、英国の内外における繁栄を

ロバート・ウォルポール（一六七六～一七四五）イギリスの政治家。一七二一年に第一大蔵卿に就任し、議会の支持を背景に政治を行ったため、最初の「イギリス首相」とするのが一般的。二〇年に及ぶ長期安定政権を築いて商業国家として躍進する土台を築いた。

獲得するためであると。

早坂　日本は今、世界最強の金融大国、世界で一番犯罪の少ない安全な国、世界一の長寿の国になった。それが戦後四十四年の間に可能になった理由の一つに戦後日本政治の安定、政局の安定があった。その間、日本丸のカジ取りをしてきたのは自民党です。自民党は戦後十七回の総選挙を通じ、全国百三十の選挙区に複数の候補者を立てて多数派を占めてきた。

自民党は立法府で多数派になるために複数の候補者を立てた。そうすると、敵は同じ党のほかの派閥の候補者である。一票でも多ければ勝つ。そのためには陳情を聞いたり、あらゆるサービス合戦をやる。いいも悪いもない。だけど、サービスにはすべてカネがかかるんだね。相手よりもサービスをよくするためには、相手よりももっとカネがかかる。

しかし、激烈な競争が行なわれるということは、有権者からすれば、それだけ選択の自由が与えられているということになりませんか。

小室　なりますね。

早坂　競争のあるところに進歩と発展がある。そして、自民党は多数派を占めた。政治家は誰だって抱負経綸を実現したい。しかし、一人だけでは出来ない。仲間が要る。政治は数ですよ。議会制デモクラシーは結局、数だ。

小室　だから、派閥が出来る。

早坂　中選挙区制度だから、派閥が必然的に生まれてくる。いくつかのグループが、覇権をめぐってしのぎを削り、合従連衡をやる。その中で覇を唱えるためには、ほかの派閥にくらべて、侍の数が圧倒的に多くなければならない。侍が十分に活動できるためには、圧倒的な数の鉄砲、つまり、カネが要る。カネがふんだんに用意され、侍が大量に確保された時、そのボスは覇権を握ることが出来た。これまではね。

信長は鉄砲を用意し、足軽で鉄砲集団を組織して、中世の混沌に終止符を打つ土台を作った。角栄は多数派を作り、多数派が十二分に活用できるためのカネを地べたをはいずり回って用意した。角栄が日本政治において確立したヒエラルキーの中で、自民党政治が展開されてきた。マスコミは、これを〝田中支配〟と呼んで批判し、攻撃した。しかし、角栄は本当に悪いんだろうか。

小室　それの一番悪いところは、日本の社会構成《ソーシャル・コントスラクション》がそのように作りかえられてしまったことだ。具体的にいうと、それをやるためには、あちこちに吹きだまりのような利権集団が出来たわけですよ。

早坂　あなたは有権者を何だと思いますか。

小室　単なるプレイマップ。

早坂　有権者は人間です。人間は、すばらしい。美しい。しかし、人間ほど浅ましくて、おぞましくて、恐ろしい生き物もまたいない。小室さんは選挙民の飲み食い、たかりの実態をご存じですか。

小室　一部に関しては知っていますけれども、そのディテールは知りませんね。

早坂　すさまじいものですよ。

小室　それがあれば、財産の還流があるからいいんじゃないの。

早坂　選挙はお祭りだ。選挙は富の再配分だ。選挙はその地域にとって、公共事業に匹敵する基幹産業であるという実態が、日本全国の津々浦々にあるんですよ。

小室　昔の参勤交代みたいなもので、そのおかげで道路は完備され、庶民にも財産の還流があったと思えばいいんじゃないの。

早坂　今の自民党の政治家たちは年間、一億六、七千万から二億円を超える経常経費が必要なんですよ。しかし、議員として手に入ってくるカネは、税込みで三千三百万円弱なんだ。そのうち可処分所得は三分の一弱なんです。

だから、自民党の連中は多かれ少なかれ胃袋の飛び出しそうな金欠病にかかっている。

このカネをどう用意するか。マスコミに追いかけ回されないで、手が後ろに回らないで、男芸者にならないで、そして頭を上にあげて歩けるようなカネのやりくりが、どうしたら出来るか。一日のうちの半分以上は、そのことだけを考えている。これが実態です。

小室　しかも選挙にカネがかかる。

早坂　自民党の代議士の場合、平均して二、三億円はかかるんですよ。

小室　選ばれたら、選ばれたでまた。

早坂　有権者からいろんな注文を受けるわけだ。これに応えますという約束をして出てくる。その注文には理不尽なものもある。あるいはリーズナブルなものもある。だけど、注文の中で仮に川の真ん中に橋をかければ、上流と下流の住民から文句を言われるわけだ。逆の場合もまた、然りです。

しかし、国のふところ勘定と相談しながらやらなければならない。それが政治と言うものでしょう。政治家が、地元の利益を果たすために汗を流すことは、議会制デモクラシーの政治家として当然のことなんだからね。

アメリカが求める田中的政治

小室　大管法の話をしておきたいな。

あれは昭和四十四年。佐藤内閣の時だった。角栄が幹事長。

早坂　東大の安田講堂が全共闘の学生たちに占領されるわけだね。あの前後から、日本中の大学のキャンパスが、ゲバルトとヘルメットに埋められて無政府状態になった。そして、大学管理臨時措置法というものが出てくる。しかし、佐藤栄作も本気でなかった。それから官房長官の保利茂も、佐藤の顔を見て腰が座っていなかった。

小室　角栄が断行した。しかし、参議院が本会議を召集しない。

早坂　それで田中は議長室にすっ飛んでいったんだ。「おい、じいさん、ボタンを押せ！」。オヤジ（佐藤栄作）がどう言おうと、あんたがどう言おうと、おまえさんたちはもう子供が出来上がっているからいいだろう。しかし、今、日本中の学生たちは、勉強したくても学校に行けない。下宿でひざを抱えてふるえているんだ。自分の食い物もへずってなけなしのゼニを送って、子供に早く卒業してもらって就職させたいと思っている親は、今、真っ青になって東京の空を見ているぞ。何でもいいからボタンを押せ。押さなきゃ、この窓からたたき落とすぞと言ったんだから（笑）。

それで重宗（議長）は青くなって、今オヤジに電話するといって、実は保利官房長官に電話したんだ。角さんがえらいけんまくで、どうしようもないから、目をつぶってボタンを押すぞといって、ボタンを押したんですよ。そして参議院本会議が開かれて、大管法は成立した。

それから三月とたたないうちに、日本中のキャンパスからゲバルトとヘルメットの姿が消えたわけです。あれから大学はピタッとネズミの声一つ、しなくなった。

小室　それで、あの後の選挙は大勝利。

新潟県刈羽郡西山町にある自宅前で記者の質問に答える田中角栄。写真の左に早坂秘書の顔も見える（1976年10月21日）

早坂　沖縄でなく、これが三百議席を取った決定的な決め手だった。

小室　実行力。

早坂　昭和六十二年の春かなあ。中曽根政権の終わり頃、アメリカの役人連中が僕の事務所にきてね、「中曽根にはもううんざりだ」と言うんだ。彼はいろんなことを言った。約束した。しかし、彼はしなかった。われわれは中曽根をもう信用していない。彼は〝草津温泉〟だと言ったね。何が草津温泉か。「オー・ユーばっかり」と言った（笑）。

そして、われわれは田中的なものを求めている。自民党の最大派閥のボスが日本のボスになって、役所や民間の利害調整をして、アメリカとの約束を実行してほしいんだ。そういう人が日本政府の次のトップになるようわれわれは切望している。そう言ったんだ。
小室 切望される人物を、マスコミが鞭打《むち》っている。
早坂 小室さん、国を滅ぼすのは汚職なんかではなく、小ざかしい無数の正義の旗じゃないか。建て前論と偽善のね。それが民族のエネルギーを奪っちゃうんじゃないかなあ。
小室 文化人。知識人。マスコミ。
早坂 日本をダメにするのはマスコミだ。僕はかつてマスコミは第四権力だと思ってきたけれども、今やマスコミは第一権力の座を占めるに至ったね。
不見識で、歴史から学ぶことを知らないマスコミが今の日本に溢れている。ジャーナル、ウイークリー、マンスリー、テレビも含めた凡百のマスコミが流す害毒こそ最大の公害だ。マスコミは焼きもちやきの大群だ。自分は飲んだくれて、だらしなくて、ノーマルな生活感覚もないのに、見てくれだけ、格好だけの正義を政治に強要している。もちろん、マスコミのすべてではないけどね。正規軍、ゲリラをふくめたマスコミの存在が、日本民族のエネルギーを今、奪いつつあるんじゃないか。
小室 角栄的なものが消えていく。
早坂 外務省の役人が今いちばん心配していることは、海部（俊樹）がつなぎの亭主だとか、雇われママだとか、そういう認識をワシントン、モスクワ、北京、ＥＣに対して絶対に与えたくない。もし、そういう見方でパートナーたちに見られれば、われわれが何を言おうとも、そんなものは〝百万遍の説法も屁一つ〟だ。向こうから相手にされない。日本の国家的な指導力、国家としての物事の決定権について、最初から向こうが眉つばでくれば、相手とのネゴシエーション、交渉などは出来ない。連中は僕の事務所へ来て、よく言うんだ。

小室　角栄が、一言いえば日本の政策がピタッと決まった。金権政治と言うけれども、カネは十分にあるから、あとは国全体のために考える。それがノーブレス・オブリッジです。

早坂　ロッキード裁判は角栄が背負った十字架です。田中はマスコミにいつでも、必ず刑事被告人と言われてきた。僕はあの人と一緒に十一年間、戦ってきたよ。しかし、彼に後ろめたさは一点もなかったな。中川一郎が言ったことがあるんだ。「あれがおれだったら、とても一年ともたない。首を吊っちゃう。なぜそれができるんだろうか」

小室　それは信念があるからに決まっている。宗教的情念です。

早坂　角栄に、後ろめたさがなかったからだと僕は思っている。

小室　一言、最後に言いたい。日本の大多数のマスコミは、宗教に関して何も理解していないな。あれだけやられて頑張り通すのは、よほどの宗教的確信がなかったら出来ない。「おれこそ日本の立憲政治を担っている。日本は、この角栄を必要としている」この信念。情念。普通の人間がそんなこと出来るか。人に二、三週間、徹底的に悪く言われたら、ノイローゼになって医者に駆けこむのが普通でしょう。そうじゃなくて、満天下の集中砲火をあびて、年を重ねてがんばり通すことが出来たのは、よほどの宗教的信念がなかったら不可能だということですよ。

第8章

角栄学序説
——田中角栄引退後の「日本政治」を憂う

本文は田中角栄が引退発表（1989年10月）した後に書かれたものである。

1990（平成２）年 月刊宝石（光文社）１月号掲載

角栄研究の貧困

戦後の日本は田中角栄が作った。こういっても、あんまり過言ではない。吉田茂がしいた軌道の上を角栄が突っ走って今日の日本を築きあげた。良い意味でも、悪い意味でも。

それゆえ、今の日本には角栄的なものが充満している。

今の日本を知るためには、角栄理解が、まずなされなければならない。

しかも、今の日本人は、このことをよく理解していない。

角栄論での博士論文が提出されそうもない。

日本での話。

筆者は、角栄論で博士論文を書きたいが、という相談を受けたことがあった。四度ほど。三人はアメリカ人。あとの一人はフランス人。日本人は、一人もいなかった。

日本人は、まだ、角栄研究の重要さに気付いていない。戦後日本研究における大きな盲点だと言わなければならない。

このことは、たとえば、次のようにも言えよう。

普通の日本人の中国素養において、明《みん》、清《しん》は空白になっている。中国と言えば春秋、戦国、漢、三国が圧倒的。せいぜいで、唐《とう》、宋《そう》まで。元とくだるともう、かえって神話みたい。明、清となると、これは、ほとんどなじみはない。たとえば、劉邦（漢の高祖）や劉備玄徳のストーリーは、人口に膾炙《かいしゃ》している。が、朱元璋《しゅげんしょう》（明《みん》の太祖）について知っている人が、どれほどいますかな。

しかし、実際に中国に残っているもののほとんどは、明代、清代の所産なのである。紫禁城《しきんじょう》（故宮博物館）からはじまって、万里の長城から大運河にいたるまで。なに、万里の長城は秦《しん》始皇帝が造ったんだって。どういたしまして。秦始皇帝が造った長城なんて、今や、あとかたもない、と言ったほうがいい。たった十五年で、あれほどの大建築が出来てたまりますか。今ごらんになる長城は、明代に、ほぼ二百年もかけて作られたものなんです。大運河は、隋《ずい》の煬帝《ようだい》が造ったんだって。これも、どういたしまして。

建築などの有形物だけじゃない。

たとえば、法律だってそう。

日本に一番大きな影響をおよぼしたのが、明律《みんりつ》（明太祖朱元璋が作った明の法律）なんです。バイブルの日本訳だって、清でなされた漢訳が、日本訳の基礎になっている。一事が万事。

日本で、「中国」と言えば、実は、大体が明、清だと言っていい。

こんなものだと思うとよい。

日本人は、角栄に関心がないわけではない。しかも、その角栄関心が、学問的関心には結びつかないのである。本格的に研究しようとはしないのである。

いかにも、角栄そのものに対する関心は低いとは言えない。

角栄引退が発表されるや、マスコミに、ちょっとした騒動があった。日刊紙も週刊誌も月刊誌も、特集を組んだところが多かった。角栄が病気で倒れてから以来、彼がほとんど廃人であることは、まず周知であった。それなのに、角栄引退となるとひと騒ぎ。これに対してどうだ。福田引退と言ったところで、誰も騒がない。福田は、高齢とはいうものの、けっこう健康。総理、総裁の口が、ともかくも、一度はかけられるほどではなかったか。善幸となると、もっとひどい。まだ七十代で、政治家なら、まだ十分に働ける年。なのに、善幸引退なんて言っても、まともなニュースにもならなかった。

角栄と比べて、なんという違いだろう。

角栄は、とてつもない大物である。

ここまでは、たいがいの日本人が胆《きも》に銘じている。

が、さらに一歩すすめて、角栄研究こそ、現代日本を理解する鍵である。

本稿では、誰かが角栄について博士論文を書きたいから指導してくれ。まず、どう指針を与えるか。そんなつもりで、ちょっと書いてみたい。

角栄学の第一課は、官僚駆使。

角栄は、官僚操縦の名人として定評がある。このことは、何を意味するか。

日本は、昔も今も、その実、官僚主権国家である。主権在民なんて、とんでもない。本当は、主権在役人である。

行政権が、がっちりと官僚に握られていること。このことは、誰でも知っている。政治家の容喙《かい》《よう》（差し出口のこと）なんて、とてもじゃないが、まずは不可能。住民参加なんて、夢のまた夢。よく知られていることなので、多言を要しない。

が、立法権と司法権。

これもまた、（行政）官僚――それも、検事以外の行政官僚――が、がっちりと握りこんでいるのである。

立法権。

日本では、法案は、どう作られる。

ほとんどすべての法案は、役人が練りあげるのである。議員は、これを、カラリと通すだけ。

いろんな法律の間には、矛盾があると困る。近代法の解釈は一義的《アイン・ドイトリッヒ》――黒白《こくびゃく》がキチンときまる――でなければならない。

この問題を、どう処理する。

アメリカでは、裁判所が処理する。

議会《コングレス》は立法機関だから、議員は、勝手に、法律をジャンジャン作る。矛盾していようと何をしていようと、議員の勝手。

が、施行してみて、各法律の間に矛盾があっては困る。

そのとき、苦情を処理するのが裁判所。

憲法やら何やらに照らして、こっちの法律が正しく、こっちの法律は間違いだとの判決を下す。

これで、一件、落着。

そういうことになっている。

日本の裁判所は、この仕事をしない。出来っこもない。

だから法律の間には、矛盾はあってはならない。役人は、かたくなに、こう確信しきっている。

で、どう措置する。

法案の段階で、矛盾がしのびこまないように措置しておくのである。

一口にこう言っても、これは、とんでもなく大変な作業なのである。

法律と言ったところで、これは厖大な量。六法全書に盛りつけられた法律なんて、ほんの九牛の一毛にも足りない。このことを銘記しておいていただきたい。この銘記が、角栄学入門のために必須なアサインメントの一つ。素人は、法律と言えば六法全書と思い込んでいる人が多い。極端な人になると、すべての法律は六法全書にありと。これほどの誤解は、ほかにない。六法全書に収められている法律なんか。大海の一滴と言うほどではなくても、まあ、黒猫の尻尾の先の毛の一本。すべての法律をあわせてその全体となると莫大な量となる。個人が見つくすことなんか、出来っこない。

この法律の山脈を前にして、新法案は、それらのいずれとも矛盾してはならないのである。

気の遠くなるような仕事ではないか。

個人の手には負えまい。誰しも、こう思うだろう。

個人に出来なければ、誰がする。

役人という組織がこれをするのである

何か新しい仕事をしようとすると、新しい法律が必要になってくる。

そのための新法案。

いろんな省庁からゾロゾロとたくさん役人が出てきて集まる。それぞれの専門的知識――つまり各自の省庁に関係する法律の知識――を持ちよって、当該の新法案が、それらの法律のいずれとも矛盾しないかどうか検討する。

この検討がすんで、この新法案は、どの法律とも矛盾しない。このことが明らかとなって、新法案は、初めて日の目を見る。議会に提出されて、めでたく法律となる。

狡猾なる役人

法案審議のための委員会。

大概の委員には、専門知識――当該新法案と関連する法令に関する知識――は、あまりない。普通、ありっこない。居眠りしていても、委員としての役目は果たせるのだ。こういう具合になっている。決をとる時だけ目をさまして、賛成。これでもいい。本会議では、与党多数だから、通るに決まっている。これで、法律、一丁出来上がり。

これが、日本における立法過程の動き具合。

立法過程も、その実、やはり、役人がとりしきって動かしている。

上のほうの役人は、あの法律は、オレが作った。あの法律は、ワシが作った。よく、こんなことを言う。こう自慢するのが、最大の生き甲斐なのだ。別に法律道楽というわけではない。道楽じゃない。これこそ、役人の仕事なのである。最大の仕事なのである。

私が法律を作った。

語るに落ちたと言うべきか。

役人が法律を作る。

となると大変。

立法権は、本当は、役人に属する、ということではないのか。

国会は唯一の立法機関である。

どういたしまして。

官僚は、実質的に、立法権を簒奪《さんだつ》してしまっている。

それどころではない。

官僚は、司法権をも簒奪している。

司法権とは、法律の（最終的な）解釈権のことを言う。

司法権は、英米などのデモクラシー諸国においては、裁判所に属する。日本でも、法的には、そうなっている。

司法権もまた、役人の手に帰している。

日本人には、もともと、「司法権」という考え方はない。そして、今も、あまりない。ここに、狡猾《こうかつ》なる役人がつけ込んだと言うべきか。

今でも、「遠山の金さん」の人気は高い。名奉行とか。でも、デモクラシーの世の中において、名奉行の人気が高いというとはどうしたものか。行政官僚たる奉行が裁判をしている――司法権を行使している――のである。いや、正確に言うと、行政権と司法権とは未分化なのである。それを体現する人が名奉行とは。それを、人民《ピープル》が喝采するとは。日本人の司法感覚の欠如を示唆してあますことない。アメリカならどうか。保安官が悪党の最たる殺し屋《プロフェッショナル・キラー》を捕えた時でも、いきなり縛り首の木。これは暴行。非合法。レーガン扮する保安官なら、間違ってもこんなことはしない。法と秩序が守られなくなるからである。アメリカでは、行政権力が司法権力を侵すことは、ベラボーなスキャンダル。どんな悪党でも、どこかにゆわえつけておいて、巡回裁判《アサイズ》がめぐりくるまで待たないといけない。

日本なら、行政権が司法権を侵すくらいヘイチャラである。

役人による司法権無視の伝統は、脈々として今に伝えられている。

日本は、主権在民ではない。ややもすると、主権在役人になりがちである。そのように、社会構成が出来ている。政治家なんていったところで、大概は、役人の走狗。壇上で役人が作った作文を棒よみするとかなんとか。このことも、よく知られている。

官僚コンピューター論

主権を、役人の手から国民の手に通り戻したのが、政治家田中角栄。選挙で選ばれた政治家田中角栄。

角栄は、日本の政治における役人の威力のものすごさを、すばやく見抜いた。役人の協力なくしては、何事もなしえない。それと同時に、役人の力の限界をも。

マックス・ウェーバーが喝破したように、近代国家においては、官僚制こそが中心的役割を演ずる、近代官僚制なくして近代国家はありえない。しかし、官僚だけでも近代国家はありえない。政治の指導によらなければならない。ウェーバーは言った。「最良の官僚は最悪の政治家である」

ウェーバーの言葉は角栄の言葉である。

角栄は、官僚制の致命的重要性を覚るとともに、その致命的弱点をも覚った。それが、官僚制コンピューター論である。

官僚制は、精密なコンピューターである。プログラミングが正しく、適切なデータを入力《インプット》すれば、目にもとまらぬ早業で正確無比なる出力《アウトプット》を出してくれる。

今どき、コンピューターを縦横無尽に駆使しない手はない。そうすれば、コンピューターは、絶大な威力を発揮するであろう。

が、入力するデータが見当外れであればどうか。コンピューターは、とんでもない出力を出してくれることだろう。プログラミングが間違っていればどうか。出力は、メチャクチャなものとなる。ことによると、てんで出力が出てこないかもしれない。

官僚制という高性能コンピューターを駆使する者。それは政治家でなければならない。

これが、角栄学の第一課である。右の命題が、角栄の第一法則である。

角栄の第一法則の含意は、さらに深い。

官僚制という高性能コンピューターにウイルスが侵入したらどうなる。思っただけでも恐ろしい。身の毛がみんな逆立ってアデランスまで逆だっても足りないほど恐ろしい。

角栄は、明示的に、このことを言っているわけではない。でも、その態度によって、暗黙のうちに明白に示している。

いや、「暗黙のうちに」なんて言う必要もあるまい。角栄学の論理からして明白なのである。「政治家は官僚を駆使する」という命題の対偶をとればどうなるか。「官僚を駆使しない者は政治家ではない」ということになる。官僚が暴走する時、そこに政治家はいない。政治不在である。

たとえば、第二次大戦前の日本。

右翼思想というウイルスが日本陸軍という官僚制に侵入してきて、プログラミングをすっかり狂わせてしまった。本来、陸軍は日本のためにあるのであって、陸軍のために日本があるのではない。国家と陸軍との機能的連関はかくのごとし。このように、プログラミングされているはずであった。そのはずであったのに、精密この上ないプログラミングに、右翼思想というとんでもないウイルスが侵入してきた。そうすると、従来のプログラミングが精密であればあるほど、狂った結果は、とんでもないことになる。

何人《なんびと》の予想を絶する出力が飛び出してくることになる。果然《はたして》、とんでもないことになった。人々が、ただ誠心誠意、天皇陛下のおんためとだけ念じて行動すればするほど、軫念《しんねん》とは正反対の結果になる。お国のためにと、あがけばあがくほど、お国を破局に追いやることになる。

陸軍という官僚制コンピューターに組み込まれたプログラミングが、緻密であればあるほど、それが狂ったときの暴走はおそろしい。もはや、陸軍という官僚制の駆使なんか思いも及ばなくなった。これは、角栄の第一法則から明らかなように、政治不在である。政治家はいないことになる。これ、第二次大戦前の政治状況を説明してあますことないではないか。

角栄の第一法則は、表現こそ簡明であるが、かくも深い含蓄《がんちく》を有する。

官僚制という高性能コンピューターを駆使する者。それは、政治家でなければならない。

では、この際、「コンピューターを駆使する」ことは、いかにすれば可能であるか。

そのための条件は、適切な入力をすることであり、正しいプログラミングを組むことである。

適切な入力とは、国家の要請、国民の要望である。

正しいプログラミングとは、官僚制の作動法則《ワーキング・ルール》にのっとった命令を下すことである。

政治家角栄は、右の条件を満たしたがゆえに、世界に冠たる日本官僚制を、自由自在に駆使しえたのであった。そして、戦後の日本を、現在のようなかたちに作りあげた。

刮目すべき議員立法

右のように、政治家角栄が官僚制コンピューターを駆使して現在の日本を作りあげていった例として、まず、刮目すべきは、議員立法。

角栄が提案者となって作った法律は三十三法。彼が推進した議員立法を含めれば、七十二法。大変な数である。この記録は、まだ破られていない。いや、遠く及ばない。

その数におどろくのは、チト早い。いや、大いに早い。

数よりも、ずっと大切なのは、議員立法の内容と立法過程である。

角栄がなした議員立法のうちで、主だったものを拾ってみると、「道路法」「住宅関係諸立法」「電源開発促進法」「国土総合開発法」……などである。

戦いに敗れて、極目蕭条《きよくもくしようじよう》たる廃墟に立った時の、角栄の問題意識が躍動しているではないか。

この日本をいかに復興すべきか。打ちひしがれ、疲れはてた日本国民をいかに生活せしむべきか。

まずは衣食だが、これは吉田茂が何とかした。次に住宅だ。

衣食がなんとかなったら、次は家だ。今にして思えば、当たり前すぎる発想ではある。が、いかんせん、イマジネーション不足は、人間の性《さが》。

戦後、日本国民が餓死する心配だけはなくなってヤレヤレと思ったとたん、次は住宅だという発想が、角栄以外の政治家の心にはうかばなかった。

このことは、記憶されるべきである。

ほかの政治家とは違って、ます角栄の心に、このことが思いうかんだというのも、角栄こそが、造次顛沛《ぞうじてんぱい》（瞬時も怠りなく努めるさま）、日本国民の福祉を心がけていた証拠ではないか。

多くの人々は断言する。昭和天皇の聖断が必ず正しく誤りなかったのは、宸念恒《しんねんつね》に国民の上にありましたからである、と。臣《しん》角栄。身はいやしながら、志も、やっぱりいやしながら、その心は常に、日本国民の福祉にあった。それゆえ正しい判断が出来たのであった。ときどき、狂ったけれども。

昭和二十三年、新憲法下、初の国会が開かれた。

デモクラシー。

なんて言ったって口先ばかり。

国民の住宅問題に、本気になって取り組もうとする政治家は、いなかったのであった。

これ、本当の話。

角栄は、片山首相にせまった。「働く人たちに家も与えずして何が民主主義か」と。

その他の政治家は、老いも若きも、国民の住宅問題なんかに関心はなかった。が、陣笠もいいとこ、一年生議員角栄の最大関心事は、国民に自分の住まいを与えることであった。

角栄のアイデアは、今見てみても、すばらしい。恵まれない人々の住宅は公的にまかなう。が、自己資金で家を建てようとする国民の意欲を活用しよう。自己資金での不足分については、公的資金を低利で融資しようではないか。

今なら、一つのグッド・アイデア。

でも、時も時。

赤旗の大波がうずまき、若者は共産革命の夢に酔いしれていた時代のお話。

この時に、「低利で融資」なんていう、まことに自由主義的なアイデアが、自然に湧いてきたその頭。

見落としてもらっては困る。

これが、二十七歳、一年生議員のアイデアなのである。

かくて、「公営住宅法」「住宅金融公庫法」の制定。

角栄の議員立法。

みんなぴったりと、国民の福祉、国の要請に狙いが定まっている。

海部さんに出来るか

次に道路。

アメリカ軍が、日本に進駐してみておどろいた。

日本には道路がない。

もともと、日本人には、道路という感覚がなかった。道は、人が通れればいいんでしょ。この感覚。ローマ人とも中国人とも、欧米人とも、てんで違う。なにしろ、馬車がなかったんだから。

戦前からすでに、自動車がまともに通れる道路なんて、まあ、なかった。

その道路さえ、敗戦時、それまでの酷使によって、荒廃の極にあった。

で、どうする。

本気になって考える政治家なんて、ほかに居なかった。

ここに、田中角栄。

道路の整備こそ、日本経済復興の鍵であることを覚った。

今にしてこんなこと言えば、「当たり前すぎることを、あらためて言うな」と叱られそう。

ボクはいい。

でも、その当時、このことを断言した有力（若くて、地位は、わりあいに低いけど）政治家は、角栄だけ。「新道路法」はじめとする、道路関連法令が、陣笠角栄によって、次々に制定されてゆくんじゃない。

かくて、日本経済は、軌道に乗った。

その慧眼なんて、言ってすまされることではない。

角栄なくして道路なし。

高速道路、ターン・バイクに乗るたんびに、このことをよく思いだしてオクレ。

これなんか、ほんの一例。いや、ほんの二例。

いつの場合でも、角栄はつねに、その心は、日本国民の福祉にあった。それとともに、自分の儲けにもあった。でも、誰が角栄に石を投じうる者ぞ。自分の儲けに、今どき、全く無関心な人。

ほんとに居るなら、顔みたい。

角栄の関心、日本国民の福祉にあった。

角栄といえば、議員立法。

これは、それだけで、気絶するほど大したことではある。

でも、左の数字に、注意してほしい。

角栄が主唱者となった三十三法のうち、なんと、二十一法までは、初等陣笠角栄が成立させているのである。

いくら驚いて、デングリかえって、キリモミしても足りないところである。

角栄が成立させた、議員立法三十三法のうち、二十一法は、昭和二十五年から二十八年の、わずか三年の間に集中しているのである。

陣笠も陣笠。

一年生議員か、ほとんどそれにひとしい角栄が、それをなしとげたのであった。

これだけでも角栄は、日本立憲史上、特筆大書される価値はある。「議員立法」なんて、とてもじゃないが昨今の議員には出来なくなってしまった。

そりゃそうでしょう。

当たり前。

海部（俊樹）さんだって、橋本（龍太郎）さんだって角栄なみの議員立法に、果たして取り組めますかいな。

議員立法がどんなにむずかしいか。

社会党が、全党あげたって、質問にオタオタしているのが関の山。

見苦しいなんてもんじゃありません。

一つの政党をあげたって、このありさま。

日本の官僚機構のもとでは、議員立法なんて、これほどむずかしい。そのむずかしい議員立法を角栄は成しとげた。

みんな国民のために。

かくのごとく、角栄的方法がいかにすぐれたものであるか、また別の機会に論じましょう。

角栄外交の金字塔たる繊維外交と日中国交回復。

筆硯《ひっけん》を改めて——。

第9章

田中角栄以前、以後

本文は田中角栄没（1993年12月16日）後10年目にあたる2003年に書かれたものである。

2003(平成15)年 月刊Voice(ＰＨＰ)11月号掲載

デモクラシーの体現者

いまだ日本には田中角栄の正と負の遺産がたくさん残されている。

私は田中角栄の政治がすべて悪だとは考えていない。彼の政治的力量は群を抜いていた。彼こそデモクラシーの体現者と言える存在で、角栄亡きあと日本のデモクラシーは大きく後退したと言っていい。その意味で小泉首相が行なうべき改革とは、角栄の残した「負の遺産」を壊すと同時に、角栄が作ろうとしたデモクラシーの王道を復活させる作業にならなければならないと考える。

では、角栄の功績とは何か。第一に議員立法の〝活用〟である。すなわち代議士が法律の原案を作り、これを議会で可決させた。もちろん、議会とは立法府のことだから、代議士が法律を作るのは本来、当たり前で、実際アメリカでは代議士がさまざまな法律を作っており、法律を作るための秘書も代議士一人当たり平均二五～五〇人ついている。そして、重要な法律には必ず代議士の名前が明記され、代議士もそれを誇りに思う。ところが日本では、議員立法を大々的に推し進めたのは角栄だけなのである。まず、これを復活させなければならない。

日本の代議士が議員立法を実現出来ないのは、一つには彼らが不勉強で法律について詳しく知らない人があまりに多いからである。そのため、法律や政策に熟知した人物のサポートを得ようと、国費で賄う第三の秘書として政策秘書が生まれ、彼らを中心に議員立法を作れる体制を整えたはずだった。しかし議員立法などしたことのない代議士たちは、政策秘書を持て余してしまった。そこで彼らの給料をごまかす事件が起こったのである。

ただ、現在の日本では議員立法が作りにくいことも確かで、そこにはこんな事情もある。たとえばアメリカの場合、代議士による立法が頻繁になされるため、提案された法律が既存の法律と矛盾するケースが生じてくる。その場合は裁判所での審議となり、裁判官が「こちらの法律のほうが優先される」という判決を下すのである。

ところが日本の裁判官はそうした訓練を受けていないから、そんな判決を下すことが出来ない。そこで法律を作る時は、最初から既存の法律と矛盾を来さないようにしなければならない。そんな能力は代議士にも秘書にもない。逆に霞が関の官僚の得意とするところだから、いきおい、彼らに任せてしまうことになる。そこがアメリカと違うところで、いま述べた司法の問題も含めて、議員立法を出来る体制を整えることが、まず重要なのである。

角栄の政治で次に評価すべき点は、代議士同士が議会で活発に討論する場を設けたことである。あまり知られていないが、戦後の日本には自由討議法と呼ばれる法律（国会法第七十八条）があり、最低でも二週間に一回、議員たちが積極的に討論する場を設けることが課せられていた。これは民主主義にとって非常に重要な法律で、角栄はこれを積極的に利用し、意見が違う議員と盛んに議論を行なったのである。

他の代議士たちは二週間に一回も議論するのは面倒だと、やらなくなっていった。そして議員法の第五次改正で、ついにこの法律は昭和三十年に削除されたのである。その結果どうなったか。代議士の演説は恐ろしいほど空疎《くうそ》なつまらない内容になってしまった。霞が関の官僚の書いた原稿を棒読みするだけなのだから、それも当然である。

私はこの自由討議法の復活も望みたい。だが今の代議士の能力では復活させても無駄だと考えているのか、小泉（純一郎）首相の政策からそうした働きは見えない。

小泉首相は田中角栄の真似を

さらに霞が関の官僚から経済界への直接命令、すなわち行政指導も終わりにすべきものの一つである。角栄後、官僚による行政指導がまかり通ってきたのは、つまるところ日本の代議士が法律に詳しくないからである。行政指導とは本来、法律の通りに指導することを意味する。それを逸脱しているところに問題があるのだが、当の代議士が法律を理解していないから、どう逸脱しているのかさえわからない。そこで文句も言えないのである。

この問題については歴代首相の多くも取り組んできたが、いずれも実効性を持つに至っていない。小泉首相にしても同様で、規制緩和一つとっても、まだまだ切り込み不足である。

もう一つ忘れてならないのは、司法権の復活である。実は角栄がロッキード事件で政治生命を絶たれたのと同時に、日本の司法権も喪失された。憲法第三十七条第二項では、被告人はいかなる場合においても、証人を反対尋問する権利を奪われないと記されている。この権利がなければ被告人は、証人がウソの証言をしても反論することが出来ず、無罪の人間も有罪になりかねないからだ。

ところがこの権利を蹂躙して有罪判決が下されたのが、ロッキード事件裁判なのである。そこには「田中角栄を有罪にせよ」という、先走ったマスコミや世論の影響があった。ここで悪しき一つの例が生まれ、以後日本の司法は、マスコミの顔色を窺いつつ世の中の「空気」に支配されるかたちで判決が下されるようになったのである。暗黒裁判である。

以上見てきたように、現在の日本は国の三大権力である立法、行政、司法が、ことごとくおかしなものになっている。いずれも田中角栄以前には、かろうじて守られていたものである。構造改革を行なうのであれば、この三つの権力を本来の姿に戻さなければならない。

もちろん官僚の抵抗などもあって、実現には大きな困難が待っているだろう。それでも一つ期待できるのは、小泉首相の「運の強さ」である。構造改革が進んでいないにもかかわらず、小泉内閣は長期間にわたり、稀にみる高い支持率を続けている。これはまさに小泉首相の運の強さにある。

「運」と言うと笑う人もいるだろうが、運が強いことは政治家や軍人にとって大変な能力である。たとえばナポレオンが、ある将軍をクビにしようとした時である。参謀長に「なぜ彼をクビになさるんですか」と聞かれ、「あいつは運が悪い」と答えたという。運の悪い人間は将軍に向いていないのであり、これは政治家にしても同じなのだ。

その強運を持った上で、小泉首相には田中角栄のよい面を、政策に限らず、どんどん真似していただきたい。角栄は寝ても覚めても「この日本をどうするか」ということ以外、考えなかった人である。このぐらいの気概を持たなければ、構造改革を成功させることなど出来ない。そうしてこそ初めて、日本を正常な姿に戻すことが出来るのである。

今後は、資本主義に逆流する特殊法人の全廃に全力を尽くしてほしい。日本経済の癌《がん》だからである。

初出一覧

第1章　田中角栄元首相『1982年を睨む』
1982年　週刊ポスト（小学館）1月15日号掲載

第2章　異説　田中角栄
1982年　月刊中央公論（中央公論新社）2月号掲載

第3章　角栄を無罪にせよ――私の真意
1983年　月刊諸君！（文藝春秋社）4月号掲載

第4章　角栄選挙解剖――日本の選挙風土に「汚職」は無関係
1984年　月刊宝石（光文社）1月号掲載

第5章　「世論」と裁判
1984年　月刊諸君！（文藝春秋社）9月号掲載

第6章　緊急提言　田中角栄待望論
1987年　月刊宝石（光文社）5月号掲載

第7章　さらば！田中角栄　天才政治家が戦後日本政治に残した功罪
1989年　月刊宝石（光文社）12月号掲載

第8章　角栄学序説　田中角栄引退後の「日本政治」を憂う
1990年　月刊宝石（光文社）1月号掲載

第9章　田中角栄以前、以後
2003年　月刊Voice（PHP）11月号掲載

著者略歴

小室 直樹（こむろ・なおき）

1932年東京生まれ。京都大学理学部数学科卒業。大阪大学大学院経済学研究科、東京大学大学院法学政治学研究科修了（東京大学法学博士）。

この間、フルブライト留学生として、ミシガン大学、マサチューセッツ工科大学、ハーバード大学各大学院で研究生活を送る。2010年逝去。

著書に『ソビエト帝国の崩壊』（光文社）、『「天皇」の原理』（文藝春秋）、『日本の敗因』（講談社）、『日本人のための宗教原論』（徳間書店）、『日本人のためのイスラム原論』（集英社インターナショナル）、『日本人のための経済原論』『数学嫌いな人のための数学』（以上、東洋経済新報社）、『日本教の社会学』『天皇畏るべし』『日本いまだ近代国家に非ず』（以上、ビジネス社）ほか多数。

写真提供 ©kyodonews/amanaimages
©共同通信社 /amanaimages

田中角栄　政治家の条件

2017年4月1日　第1版発行

著　者　小室 直樹

発行人　唐津 隆

発行所　株式会社ビジネス社

〒162-0805　東京都新宿区矢来町114番地　神楽坂高橋ビル5階
電話　03(5227)1602（代表）
FAX　03(5227)1603
http://www.business-sha.co.jp

印刷・製本　株式会社光邦
カバーデザイン　川畑博昭
本文組版　茂呂田剛（エムアンドケイ）
営業担当　山口健志

ISBN978-4-8284-1946-6

小室直樹博士の本

信長

近代日本の曙と資本主義の精神

政治家・信長の意義を問う異色作！

『信長公記』『近世日本国民史』は勿論、西洋の学識も駆使し、〈桶狭間の役〉〈軍政改革〉〈比叡山の焼き討ち〉〈本能寺の変〉等を検証。信長の世界史的意味を明らかにする。

四六ハードカバー
定価　本体1,600円＋税

日本いまだ近代国家に非《あら》ず

国民のための法と政治と民主主義

小室学の金字塔！　ここに極まる!!

宮台真司氏（社会学者）絶賛
「特捜検察や尖閣問題のデタラメは、なぜ生じるのか？　制度だけ輸入し、近代のエートスを知らないからだ。民主主義への無理解が日本を滅ぼすことを完全論証！」

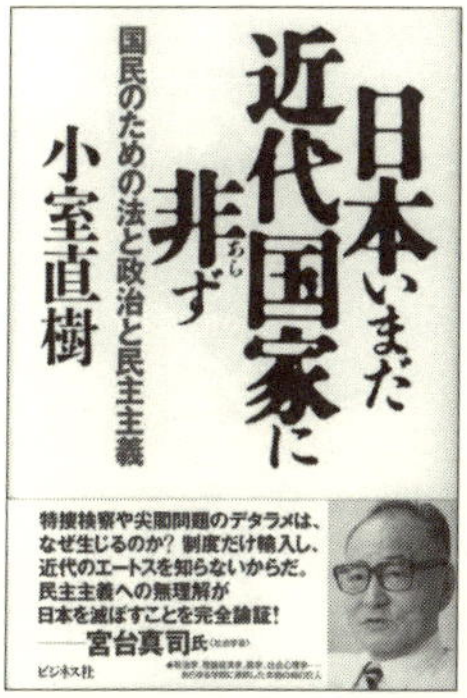

四六ハードカバー
定価　本体1,900円＋税

小室直樹博士の本

政治無知が日本を滅ぼす

近代国家の政治倫理を理解せよ

政治音痴の日本人への処方箋

我々日本人は、嘗て政治に無知であったが故に「誰一人欲した者のいない」大戦争に突入した。このことを綺麗に忘れ、政治白痴で付和雷同すること野良犬の如きマスコミに依って、今また致命的な政治無知が拡大再生産されようとしている。一管の筆、よく大厦の倒れんとするを支え得れば幸いである。

――（「まえがき」より）

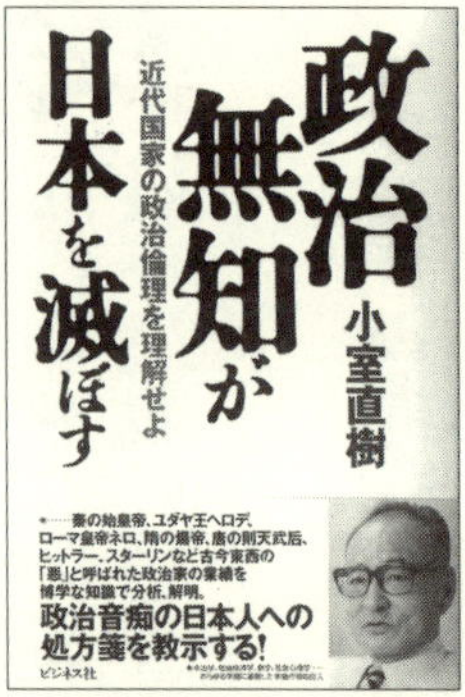

四六ハードカバー
定価　本体1,800円＋税

消費税は民意を問うべし

自主課税なき処にデモクラシーなし

税制改革と教育改革の恐るべき類似

なぜ消費税は悪税になり果てたのか？　それは歴代内閣がきちんとした説明責任をなしえず、多数決の論理だけで押し切ったからである。デモクラシーを蔑にしているのである。今回もまた同じような轍を踏もうとしている。

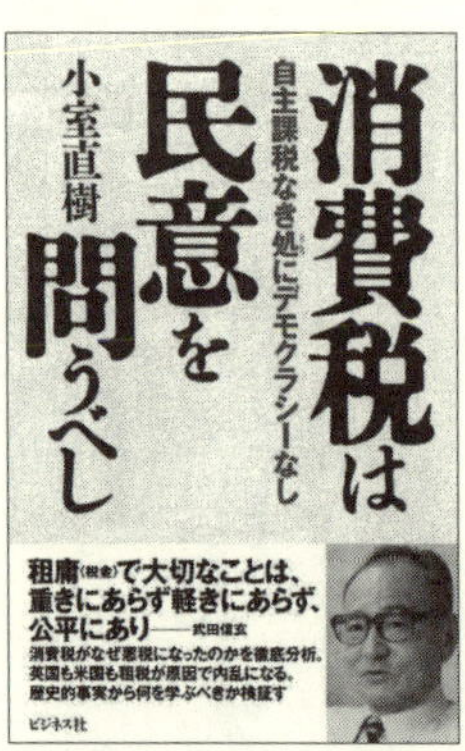

四六ハードカバー
定価　本体1,600円＋税

ビジネス社の本

日本教の社会学

戦後日本は民主主義国家にあらず

山本七平
小室直樹……著

定価　本体１９００円＋税
ISBN978-4828-4-1923-7

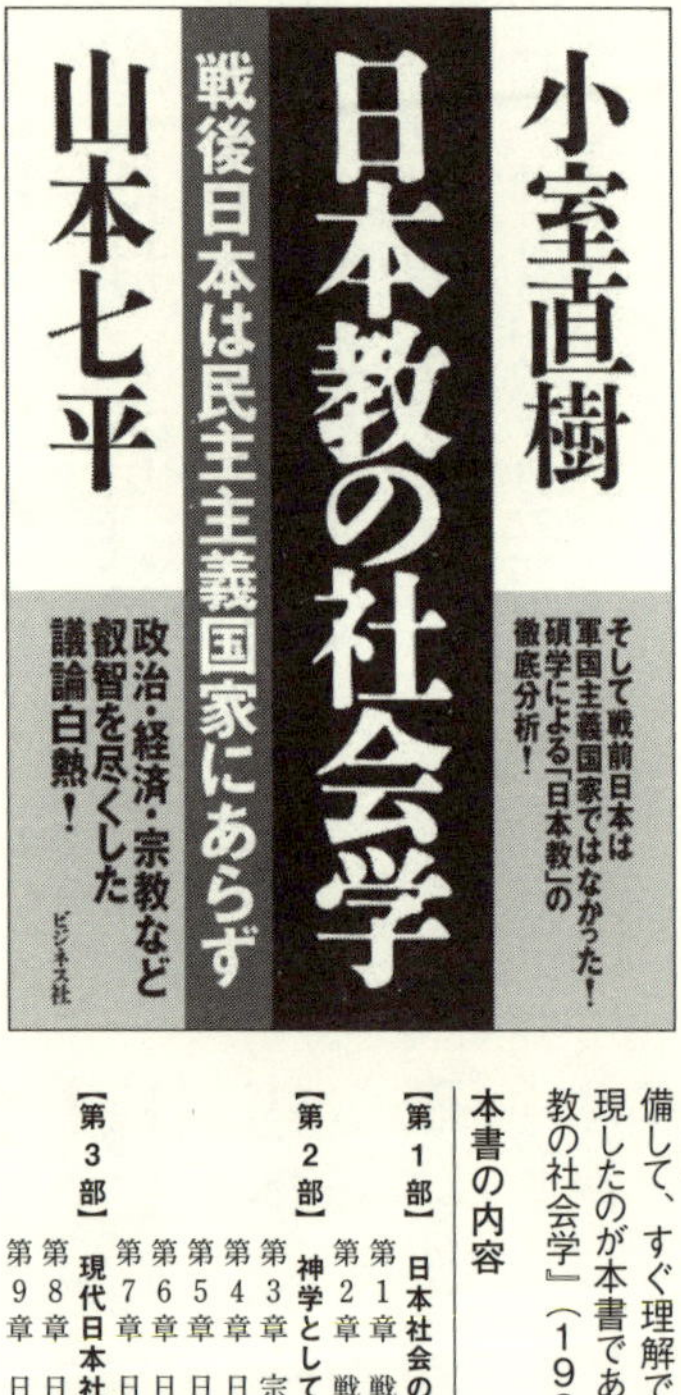

政治・経済・宗教など英知を尽くした白熱対談、待望の復刊！

どうして日本は奇妙キテレツな社会で、日本人は外国人と理解しあえないのか？　その理由は、日本に「宗教」と「論理」が存在しないからだ。そう喝破した「山本学」を社会的に整備して、すぐ理解でき、誰にでも使えるようにするために実現したのが本書である。秀逸で後世に残すべき１冊、『日本教の社会学』（１９８１年、講談社）再刊行。

本書の内容